Paul Biegel

Die Gärten von Dorr

Paul Biegel

Die Gärten von Dorr

Mit Illustrationen von
Charlotte Dematons

Urachhaus

Aus dem Niederländischen von Hans Joachim Schädlich

Die niederländische Originalausgabe ist unter dem Titel *De tuinen van Dorr* erstmals im Verlag Holland, Haarlem 1969 erschienen. Neuausgabe bei Holland und Lemniscaat b.v., Rotterdam 2009

ISBN 978-3-8251-7806-2

2. Auflage 2020
Erschienen 2014 im Verlag Urachhaus
www.urachhaus.de

Gesamtherstellung: BALTO print, Vilnius, Litauen

Inhalt

Die verlorene Stadt

Nur mit dem kleinen Schilfboot des Zwergs konnte man über das pechschwarze Wasser gelangen.

»Das kostet einen Kuss auf die linke Wange«, sagte der Zwerg grinsend.

Er hatte einen Buckel, der ihn so vornüber beugte, als schleppte er einen schweren Sack auf dem Rücken.

»Gut«, sagte das Mädchen leise.

Der Zwerg drehte sich um und lief hopsend zum Ufer. »Steig nur ein«, sagte er.

Das Mädchen trug silberne Schuhchen; das geflochtene Schilf des kleinen Bootes knackte kaum, als sie einstieg.

»Nach hinten«, fuhr der Zwerg sie an. Er ergriff einen langen Staken, sprang mitten in das Boot, dass es quietschte und knackte, und stieß ab. Das Wasser war so kohlrabenschwarz, dass sich nicht einmal das Mondlicht darin spiegeln konnte. Und es war so breit, dass man das andere Ufer nicht sehen konnte, nicht einmal bei Tage. Der Zwerg tauchte den Staken ein, setzte ihn an die Schulter und stemmte sich dagegen, dass er beinahe vornüber fiel. Er machte einen Schritt vorwärts, noch einen, und noch einen. Und stakend lief er über den Schilfboden bis hin zu dem Mädchen. Sie musste den Kopf wegbeugen und fühlte seine Stiefel an ihrem Knie. Aber der Zwerg drehte sich um, zog den Staken aus der Tiefe und lief damit zur Spitze des Bootes zurück, wo er aufs Neue begann, Schritt für Schritt.

Und jedes Mal knackte der Boden.

Das Wasser wurde tiefer. Der Zwerg musste sich jedes Mal weiter vornüber beugen, um seine Schulter gegen den Staken stemmen zu können. Beim siebenten Mal war er mit seinem Gesicht so tief wie das sitzende Mädchen, und beim letzten Schritt stieß er so heftig ab, dass er mit seiner rauen Nase fast ihre Wange berührte.

»He, he, he«, grinste er. »Der Kuss kommt später. Erst übers Wasser.«

Das Mädchen blickte in seine trüben Augen.

»Hier ist das Wasser am tiefsten«, sagte der Zwerg keuchend. »Hier unten. Wenn du hier hineinfällst, dann sinkst du drei Stunden lang hinab. Hier kann ich nicht staken.«

Er legte die tropfende Stange quer über das Boot. »Wenn wir genügend Fahrt haben, nimmt uns die Strömung mit. Dann geht es von allein.« Er grinste wieder. »Schöne Schuhchen hast du an. Silberne. Ist es echtes Silber?«

Das Mädchen blickte auf ihre Füße, da sah sie ein Loch im Schilf, durch das Wasser ins Boot strömte. Sie stieß einen Schrei aus.

»Sei ruhig«, rief der Zwerg. »Das Wasser ist bloß neugierig. Stell deinen Fuß drauf. Silber hält es auf.«

Das Mädchen presste den Schuh auf das Leck, und das Boot schaukelte weiter. Endlich wurde es von der Strömung erfasst und fortgezogen.

»Nicht gut«, murmelte der Zwerg. »Wir müssen zum anderen Ufer.« Er stakte wieder; jetzt waren sie über die Tiefe hinweg. Als er zum dritten Mal bei dem Mädchen vorbeikam, trat er mit seinem Stiefelabsatz noch ein Loch in den Schilfboden. »Den anderen Fuß drauf«, befahl der Zwerg.

Das Mädchen musste einen großen Schritt machen, um das Leck zu erreichen. Immer mehr Wasser lief in das Boot.

Der Zwerg begann zu trällern, manche Worte murmelte er nur:

Übers Wasser, schwarz und kalt,
fahr ich hin, mein Boot ist schwer.

Übers Wasser, schwarz und kalt,
fahr ich her, mein Boot ist leer.

»Sind wir bald da?«, fragte das Mädchen jetzt.

Der Zwerg gab keine Antwort. Er trällerte weiter, und er stakte weiter, mit langsamen Schritten, und jedes Mal knackte das Schilf unter seinen Stiefeln.

Das Mädchen starrte in die Ferne, aber außer der weiten schwarzen Fläche, auf der sich keine Welle kräuselte und kein Lichtschimmer spiegelte, war nichts zu sehen.

»Pass auf«, herrschte der Zwerg sie an. »Da, noch ein Leck.« Er stemmte sich weiter gegen seinen Staken, als sei nichts geschehen. »Deine Hand drauf«, rief er dem Mädchen zu. »Los, bück dich.«

Das Mädchen konnte das Leck gerade noch erreichen, ohne die Füße zu versetzen, und das Wasser stach wie tausend Stecknadeln in ihre Hand. Jedes Mal, wenn der Zwerg vorbeikam, scheuerten seine Stiefel gegen ihre Schultern. Sie stanken nach ranzigem Fett.

Wir schaffen es nie, dachte das Mädchen. Wir werden untergehen und ertrinken. Dann war alles umsonst.

Da strömte durch ein viertes Loch im Schilfboden das Wasser herein.

»Knie dich nieder, dann geht es besser«, sagte der Zwerg.

Das Mädchen kniete sich auf die Löcher, die es zuerst mit den Füßen bedeckt hatte. Die beiden anderen bedeckte sie mit den Händen. Das Wasser stieg bis zu ihren Ärmeln, und ihr Rock wurde klatschnass.

Der Zwerg stakte und stakte. Er watete durch das Wasser, das den Boden bedeckte, und es spritzte um seine Stiefel; das Mädchen fühlte einen Tropfen auf den Lippen.

Das Wasser schmeckte bitter.

Und jedes Mal fürchtete sie, der Zwerg würde ihr auf die Hand treten. Aber sie wagte nicht, sie fortzunehmen, aus Angst, das Boot könnte im Nu volllaufen.
»Sing ein Liedchen«, sagte der Zwerg. »Da stakt es sich besser.«
Aber das Mädchen schwieg.
»Vorwärts«, befahl der Zwerg. »Sing was! Ich liebe hübsche Stimmchen.«
Und da, auf Händen und Knien in einem sinkenden Zwergenboot aus Schilf, begann das Mädchen ein sonderbares Lied zu singen. Ihre helle Stimme klang über das Wasser; es schien noch stiller davon zu werden, als wäre es neugierig auf die Worte.

Sonntag säe ich ihn,
Montag mähe ich ihn,
Dienstag dresche ich ihn,
Mittwoch wasche ich ihn,
Donnerstag trockne ich ihn,
Freitag freie ich ihn,
und Sonnabend …

Da stockte ihre Stimme. Der Zwerg hatte mit seinem Absatz ein großes Loch in den Boden getreten, und das Wasser strömte ins Boot. Aber es sank nicht.
Gerade hatten sie das andere Ufer erreicht, und der Zwerg sprang an Land. »Wir sind da«, sagte er. »Was geschah am Sonnabend?«
Das Mädchen hatte sich aufgerichtet und stieg an Land. Sie sah den Zwerg mit großen Augen an. »Ich weiß nicht, wie es zu Ende geht.«
»Ein sonderbares Lied«, murmelte der Zwerg. »Und ein gefährliches auch, glaube ich. Sing es lieber nicht, dort.«
Das Mädchen starrte ihn immer noch an. »Ich danke Euch für die Überfahrt«, sagte sie.

»He, he, und jetzt meinen Kuss«, der Zwerg grinste. »Auf die linke Wange.«

Das Mädchen drehte den Kopf zur Seite.

Der Zwerg richtete sich auf und krallte sich an ihrer Schulter fest. »Komm her, mein Zwergliebchen«, keuchte er, und sein fauliger Atem stieg ihr ins Gesicht. Sie musste sich tief bücken, damit er seine dicken Lippen auf ihre Wange drücken konnte.

Es stach.

Mit einem Gelächter ließ er sie los. »Ja, ja«, er grinste, »das steht dem Fräulein gut.«

Aber das Mädchen wusste nicht, was er meinte, denn sie konnte nicht sehen, dass der Abdruck seiner Zwergenlippen pechschwarz in ihre Wange eingegraben war. Unauslöschlich.

»Und was hast du da an der Kette?«, fragte der Zwerg mit einem tückischen Blick.

Das Mädchen griff sich an den Hals. »Das geht dich nichts an«, sagte sie. »Geh jetzt.«

»Geheimnisse?«, fragte der Zwerg. »Gib nur gut acht darauf, dort.«

Mit diesen Worten drehte er sich um und lief zu seinem Boot zurück, um die Löcher mit Schilf und Pech und Spucke abzudichten.

Auch das Mädchen drehte sich um und lief den Pfad entlang, der am Ufer begann. Ihre silbernen Schuhe tropften, und der Rock klebte ihr an den Knien. Direkt vor ihr lag die totenstille Stadt. Mit hohen Mauern und hohen Türmen, farblos in der Dunkelheit, ohne ein einziges Lichtlein.

Es war die verlorene Stadt Dorr, die niemand mehr kannte.

Wer war das Mädchen? Warum ging sie in diese stumme, steinerne Stadt, und was trug sie an der Kette um ihren Hals?

Eine alte Geschichte ist das, aber jetzt ist die Zeit gekommen, sie zu erzählen.

Der Torwächter

Ein dunkles Tor führte in die verlorene Stadt Dorr. Da roch es nach vergangenen Zeiten. Vor dem Tor stand ein Häuschen, dort hielt ein Torwächter Tag und Nacht Ausschau. Das war der alte Soldat Jiri.

Als er des Nachts die Schritte des Mädchens auf dem Pfad näher kommen hörte, rief er: »Halt!« und ging auf sie zu. »Zeig deinen Pass.«

Das Mädchen ließ den Kopf sinken. »Ich hab keinen«, sagte sie.

»Hat dich denn der Zwerg nicht übergesetzt?«, fragte der Soldat Jiri.

»Doch«, murmelte das Mädchen.

»Dann lass sehen«, befahl der Soldat. Er fasste sie am Kinn und drehte ihren Kopf zur Seite. »Ich kann es in der dunklen Nacht nicht lesen. Komm ins Licht.« Er schob sie in sein Wächterhäuschen, steckte eine Kerze an und hielt die flackernde Flamme vor ihre linke Wange.

»Dieser Bösewicht«, murmelte er. »Kein Name, sondern ein Kuss. Einen schwarzen Kuss hat er auf deine Wange gesetzt. Ein teurer Pass. Hast du keinen Namen?«

»Ach«, sagte das Mädchen, »nenn mich, wie du willst.«

Der alte Soldat blickte sie an. »Zwergliebchen werde ich dich nennen«, beschloss er. »Zwergliebchen sollst du in dieser Stadt heißen.« Er schüttelte den Kopf. »Aber du bist zu hübsch für diese Stadt. Was willst du hier?«

Das Mädchen antwortete: »Ich suche die Gärten von Dorr.«

»Was?« Der Soldat Jiri riss den Mund auf, ließ sich hintenüber auf seinen Stuhl fallen und fing an zu lachen. Tief aus seinem

Hals kam es und polterte heraus. »Gärten?«, rief er. »Gärten in Dorr? Ha-ha-ha! Die findest du hier nicht, kein Fleckchen, keinen Blumentopf, gar nichts! Dachtest du, dass hier etwas wächst, in Dorr?«
Zwergliebchen wurde blass. »Man hat es mir erzählt«, sagte sie.
»Wer?«, fragte der Soldat.
»Ach, viele«, sagte das Mädchen.
Jiri fasste sie am Arm. »Kommst du denn von weit her? Bleib ein bisschen und unterhalt dich mit mir. Ich sitze immer allein hier, mit Graubrot und Käse. Willst du was abhaben?«
»O ja«, sagte Zwergliebchen und setzte sich.
Jiri teilte Brot und Käse. Er hatte nur einen Stiefel an, der andere Fuß war nackt.
»Wo ist der andere?«, fragte Zwergliebchen.
»Verloren«, sagte Jiri. »In meiner letzten Schlacht.«
»Warst du tapfer?«, fragte das Mädchen.
»Immer gewesen«, sagte Jiri. »Ich werde dir von meiner Tapferkeit erzählen.« Er nahm einen großen Happen, und als er ihn verzehrt hatte, erzählte er.

Die Geschichte vom tapferen Soldaten Jiri

Wir hatten zusammen eine Kanone, mein Kamerad und ich, und wir hatten zusammen ein Pferd. Wir dienten in der Armee von General Tsem, der gegen den Feind Krieg führte. »Das sind Halunken«, rief er jeden Morgen streng und zeigte auf den Feind. »Sie wollen die Stadt besetzen. Nehmt sie aufs Korn!«
Manchmal hatte der Feind rote Hosen an, manchmal grüne und manchmal auch weiße. Aber das war uns einerlei, wir brauchten nur unsere Kanone zu richten und feste zu schießen.

Mein Kamerad konnte am besten zielen, und ich steckte die Kugeln in den Lauf und zündete die Lunte an. Unsere Kanone hieß Brenz, und sie brüllte so laut, dass wir uns die Finger in die Ohren stopfen mussten, und danach mussten wir uns die Nase zuhalten, so stank der Pulverdampf. Und wenn wir den Tag über gut getroffen hatten, dann setzten wir uns am Abend auf unser Pferd, mein Kamerad und ich, und ritten in die Stadt. Dort gab es Wein und hübsche Mädchen zum Tanzen. Den Wein tranken wir zusammen aus einem Glas, und wir hielten uns gegenseitig fest, damit wir nicht umfielen, und wir tanzten auch gemeinsam mit den Mädchen und küssten sie gemeinsam, jeder auf eine Wange. Dann kicherten sie und sagten, dass wir nach Pulverdampf riechen. Das war die schöne Soldatenzeit, und wenn wir auf unserem einzigen Pferd wieder nach Hause ritten, mein Kamerad vor mir und ich hinter ihm, dann sangen wir den Mond an, und ich sagte: »Du riechst nach Wein«, und er rief zurück: »Aber morgen wird es wieder Pulverdampf sein.« So vergingen die Tage, die Monate und die Jahre. Denn immer tauchte wieder ein neuer Feind in der Ferne auf, manchmal mit schwarzen Hosen und schwarzen Hemden.
Aber eines Morgens erschien der General, seine Augen blitzten, und er brüllte uns zu, wir sollten die Kanone über den Hügel schleppen, denn diesmal kam der Feind von der anderen Seite. Wir spannten unser Pferd vor unsere Kanone und zogen sie über den Hügel vor der Stadt. Ein furchtbarer Feind in silbernen Uniformen marschierte auf uns zu, einszwei, einszwei, und wir fingen sogleich an zu schießen. Mein Kamerad zielte, und ich feuerte, und eine Kugel nach der anderen flog mit furchterregendem Geheul in die Reihen der Feinde. Aber sie rückten immer näher, einszwei, einszwei.
»Vorwärts!«, brüllte der General, und ich steckte zwei Kugeln gleichzeitig in die Kanone und stopfte eine doppelte Ladung Pul-

ver hinein. Mein Kamerad zielte mit beiden Augen, aber der Feind in seinen silbernen Uniformen marschierte weiter, immer näher auf uns zu.

»Feuer!«, brüllte der General. »Feuer!«, brüllte der General. »Feuer!«, brüllte …, und da war der General tot, denn der Feind hatte ihn getroffen. Unser Heer geriet in Verwirrung. Es kamen keine Befehle mehr, kein anderer wollte General sein, und die Soldaten flüchteten.

Aber mein Kamerad und ich, wir schossen weiter. Wir stopften uns nicht mehr die Finger in die Ohren und hielten uns nicht mehr die Nase zu, wir waren nur noch Kanonendonner und Pulverdampf, wir vergaßen die hübschen Mädchen und zielten und feuerten auf den silbernen Feind, den wir doch nicht treffen konnten. Dann nahm ich unsere letzte Kugel. »Wir wollen gemeinsam zielen«, rief ich meinem Kameraden zu. »Erst du und dann ich.«

Aber als er seine Wange an den Lauf der Kanone legte und seine Augen zusammenkniff, fiel er plötzlich hintenüber. Ich fing ihn auf. Sein Kopf schlug gegen meine Schulter. Ich drehte seinen Kopf zur Seite und sah ihm ins Gesicht. Seine Augen zielten noch, aber er sah nichts mehr. Den Feind nicht und mich auch nicht. Er war tot, genau wie der General.

Ich legte ihn auf die Erde und stieß einen Schrei aus, lauter als unsere Kanone. Und ganz allein schoss ich die letzte Kugel auf den silbernen Feind ab. Und weil ich keine Kugeln mehr hatte, zog ich schließlich meinen Stiefel aus, stopfte ihn in unsere Kanone, steckte dreizehn Pfund Schießpulver dazu und feuerte ab. Mit entsetzlichem Geheul sauste mein Stiefel durch die Luft und traf den Hauptmann des Feindes an die Brust.

Aber der lachte bloß und kam näher, und der Abdruck meines Stiefels stand schwarz auf seiner silbernen Brust.

Da ließ ich mich auf meinen Kameraden fallen, um ihn

zu beschützen, und ich umklammerte seine Schultern, aber der Feind zog mich hoch und nahm mich gefangen.
Der Feind verband mir mit einem silbernen Tuch die Augen und setzte mich auf unser eigenes Pferd. Sie führten mich weg, und unser Pferd hinkte, weil bloß einer auf seinem Rücken saß. Ich streckte die Arme aus, als ob ich mich an meinem Kameraden festhielte, und jedes Mal, wenn es mir so vorkam, als würde ich Pulverdampf riechen, stiegen mir die Tränen in die Augen.
Wir ritten und ritten, und es wollte kein Ende nehmen. Dann durfte ich absteigen. Die Augenbinde wurde mir abgenommen, und ich war hier, am Tor der Stadt Dorr. Ich dachte zuerst, dass wir im Kreis geritten wären, denn die Stadt glich unserer eigenen Stadt aufs Haar. Aber sie ist es nicht, denn alles Leben ist verschwunden, und die silbernen Soldaten halten sie besetzt.
Seitdem bin ich Torwächter, mit einem Stiefel und einem bloßen Fuß.

Nach dieser Geschichte schwieg der tapfere Soldat Jiri. Er nahm sich wieder einen großen Happen Brot, legte ein dickes Stück Käse drauf und fing an zu kauen. Da sah er Zwergliebchens Schuhe.

»Hast du etwa was mit den silbernen Soldaten zu tun?«, fragte er plötzlich.

Zwergliebchen erschrak. »O nein!«, sagte sie. »Ich weiß nichts von ihnen.«

Der alte Soldat blickte sie scharf an und merkte, dass sie die Wahrheit sprach.

»Aber woher kommst du dann?«, fragte er.

»Ach«, sagte Zwergliebchen, »aus einer vergangenen Zeit. Damals hatte ich auch einen Kameraden.«

»So?«, fragte Jiri.

»Aber es gibt ihn nicht mehr«, sagte Zwergliebchen.

»Haben die Silbernen ihn fortgeschleppt?«

»N-nein«, stammelte das Mädchen.

Der Soldat nahm noch einen Kanten Brot. »Warum kommst du dann hierher?«, fragte er.

Zwergliebchen starrte auf den Fußboden. Sie gab keine Antwort.
»Warum suchst du hier einen Garten, den es gar nicht gibt?«, fragte Jiri weiter.
Aber das Mädchen blieb stumm. Und als sie nach langer Zeit wieder aufblickte, bemerkte der Soldat, dass ihre Augen ihn gar nicht ansahen, sondern in die Ferne starrten, auf etwas, das sie verloren hatte.
»Dein Kamerad ist nicht tot, he?«, sagte Jiri plötzlich. Zwergliebchen schien zu erschrecken. Sie presste die Hand gegen ihren Hals, wo sie die silberne Kette verborgen hatte.
»Nei-nein«, sagte sie. Dann stand sie auf. »Ich muss weiter.«
»Lass es lieber sein«, sagte Jiri. »Du kannst noch zurück. Du bist noch jung, hier wirst du verwelken.«
»Ich muss sie aber doch suchen«, antwortete sie.
Der Soldat zuckte mit den Schultern. »Du wirst Keller finden«, sagte er, »und Gewölbe und Kerker. Aus Stein. Aber keine Gärten. Und du wirst dich verirren, du wirst für immer verschwinden und eine von ihnen werden.«
»Was meinst du?«, fragte Zwergliebchen.
»Eine aus Dorr«, sagte der Soldat. »Ein Einwohner der verschwundenen Stadt. Du wirst sie ja treffen. Und du bist …, du bist doch ein hübsches, liebes Ding.«
Aber Zwergliebchen zögerte nicht. »Mach's gut«, sagte sie. Dann ging sie hinaus und lief durch das Tor, ohne sich noch einmal umzuschauen.
Es war gerade kurz vor Sonnenaufgang, und graue Wolken zogen auf, um den ganzen Tag über der steinernen Stadt Dorr zu hängen. Die hohen Mauern und die Türme wurden allmählich trübgrau. Kein einziger Vogel sang, und kein einziges grünes Blatt raschelte im Morgenwind.

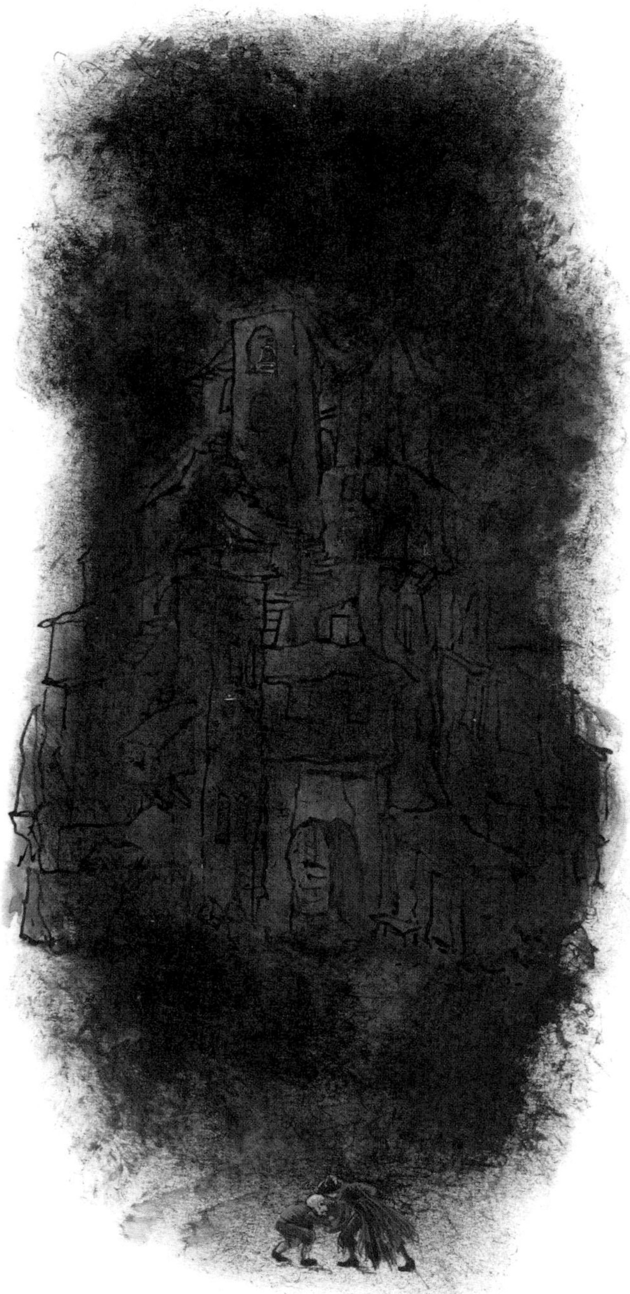

Der Spielmann Jarrik

Der Zwerg hatte die Löcher in seinem Boot mit Schilf und Pech und Spucke abgedichtet. Er war über das schwarze Wasser zurückgefahren, gegen die Strömung, über die unergründliche Tiefe, doch als er das andere Ufer erreicht hatte, blieb er plötzlich stocksteif stehen.

Aus dem Gebüsch in der Ferne erklang ein Lied.

Meine Liebste suche ich,
such sie Jahr um Jahr.
Wie ich heiß, das weiß ich nicht,
hab's vergessen gar.

Wandre früh, wandre spät,
wandre durch die ganze Welt,
wandre Tag und Nacht.
Müd hat's mich gemacht.

Wie sie heißt, vergess ich nie,
kann es nicht verlieren.
Hab's versteckt in meinem Lied,
wer's wissen will, mag's hören.

Jetzt hörte er auch das Geklimper einer Laute. »Da rückt was Unangenehmes an«, brummte der Zwerg. Er sprang an Land, duckte seinen Kopf, so tief er nur konnte, und kroch ins Gesträuch.

Kling-klang-klong, tönte es im Takt der Schritte. Der Spielmann ging gerade auf die Stelle zu, wo sich der Zwerg verbarg. Er sah aus wie ein Landstreicher; seine Jacke hatte tausend Löcher, und seine Hose war mit Stroh geflickt. Er lief zum Ufer, spähte umher, steckte die Schuhspitze ins Wasser, hüpfte ein paarmal auf und nieder und verharrte dann nachdenklich. Auf einmal ergriff er seine Laute, zupfte einen lustigen Akkord und sang:

Frau Schnecke und Herr Schneck,
die tratschen schnick,
die klatschen schnack
an jeder Straßeneck.

Auf Schneckenschritt und Schneckentritt,
das Schneckenhaus muss immer mit.

Frau Schnecke und Herr Schneck,
die kriechen zick,
die riechen zack
an jedem Mäusedreck.

Doch sieht es mal gefährlich aus,
schwippschwupp! verschwinden sie im Haus.

Frau Schnicke und Herr Schnack
sind Schnickschnackhuckepack.

»Heda!«, rief nun der Zwerg und kam zum Vorschein. »Musik will ich hier nicht!«
Der Landstreicher drehte sich um. Pling!, machte seine Laute.
»Guten Tag, freundlicher Herr Zwerg«, sagte er. »Du hast dir wohl deinen Ärger in den Kragen gestopft? Der drückt dich nieder, wie man sieht.«

Der Zwerg zischte. »Dein dummes Zeug will ich auch nicht hören«, sagte er.
»Wollen wir nicht ein bisschen tanzen?«, fragte der Landstreicher. »Wer mit Jarrik tanzt, der wird fröhlich.«
»Schwirr ab.«
»Ich wollte, ich könnte es«, sagte Jarrik. »Dann wäre ich gleich drüben.«
»Schwimm doch«, sagte der Zwerg.
»Ich hab Angst vor Fröschen«, sagte Jarrik.
»Die gibt's hier nicht«, sagte der Zwerg.
»Oh?«
»Hier ist alles tot«, sagte der Zwerg. »Das Wasser ist bitter. Da wächst nichts, da schwimmt nichts, da kriecht nichts.«
»Warum wohnst du dann hier?«, fragte der Spielmann.
Der Zwerg kniff seine Augen halb zu. »Was geht denn dich das an?«
»Na, du bist schon ganz mürrisch davon«, sagte Jarrik. »Du gibst brummige Antworten. Und das geht mich was an, weil ich dich was fragen wollte.«
»So«, sagte der Zwerg.
»Ja, ich wollte dich fragen, ob hier kürzlich jemand vorbeigekommen ist. Ein Mädchen. Sie hatte silberne Schuhchen an.«
»Das wolltest du wissen?«
Der Spielmann lächelte. Er ergriff seine Laute, zupfte sieben Töne gleichzeitig und sang: »Jaaaaa!«
»Hör auf!«, schrie der Zwerg.
»Na? War sie hier?« Plingeling pling, machte die Laute. »Gib Antwort, oder ich fange ein Lied an, das drei Stunden dauert.« Er zupfte gleich ein bisschen die Saiten.
Der Zwerg presste seine Hände gegen die Ohren. »Jaaaaa!«, schrie er. »Hör auf! Sie war hier!«

Jarrik schob die Laute an die Hüfte, ergriff den Zwerg beim Wams und zog ihn in die Höhe, als hätte er keinen Buckel. »Wann?«, fragte er. »Wo ist sie hingegangen? In welche Richtung? Sag es, los, sag es!«
»Schön ruhig, mein Lieber«, zischte der Zwerg.
Aber Jarrik schüttelte ihn hin und her. »Sag es! Ich muss sie finden. Wo ist sie hin?«
Der Zwerg grinste. »Ist sie vielleicht das Liebchen, dem du schon jahrelang nachläufst?«, fragte er boshaft. Der Spielmann ließ ihn los und starrte auf die Erde. Nachdenklich nahm er seine Laute.

Keiner weiß,
wie ich heiß.
Hab es selbst vergessen.
Aber wie die Liebste heißt,
werd ich immer wissen.

Der Zwerg hatte geschwiegen und sah Jarrik mit wässrigen Augen an. »Du kommst zu spät, Freundchen«, sagte er. »Sie ist schon drüben auf der anderen Seite.«
»So?«, fragte Jarrik. »Was liegt denn da drüben auf der anderen Seite?«
»Die verlorene Stadt Dorr«, sagte der Zwerg.
»Bring mich hin«, sagte Jarrik. »Ich werde sie dort suchen.«
Der Zwerg kniff die Augen zusammen. »Das musst du mir bezahlen.«
»Wie viel?«
»Nichts wie viel«, sagte der Zwerg. »Ich will die Geschichte hören. Von der du gesungen hast. Erzähl sie mir im Boot. Wenn sie mir nicht gefällt, kehr ich um.«
»Ah!«, rief Jarrik. »Die Geschichte dauert länger als die Überfahrt.«

»Wir werden sehen«, sagte der Zwerg. »Steig erst mal ein.« Und er zeigte auf sein Schilfboot.
Der Spielmann setzte sich auf den Boden, und während das Boot vom Ufer ablegte, fing er zu erzählen an. Seine Laute hatte er neben sich gelegt. Es war eine Laute mit sieben Saiten.

Die Geschichte von Verlier-mich-nicht und Komm-zurück: Der Anfang

Der Garten war viel größer als das Schloss. Im Garten standen Eichen und Birken und Kastanien und alte gekrümmte Kiefern, die seufzten und knackten, wenn der Wind blies. Aber es gab keine Blumen. Keine einzige.
Mitten durch den Garten ging ein Hügel, und hinter dem Hügel spielten sie. Das Mädchen war die Tochter des Königs, und der Junge war der Sohn des Gärtners. Sie kletterten auf die Bäume, sie fischten in den Teichen, und sie gruben geheime Höhlen in die Erde, wo sie ihre Namen in den Sand schrieben und manchmal ein Zauberwort. Das Mädchen trug ein Prinzessinnenkleid mit Blümchen, und das hatte nie einen Riss oder einen Schmutzfleck. Der Junge trug eine ausgefranste Gärtnerhose, und da war jeden Tag ein neues Loch drin, und die Flicken saßen dreifach übereinander.
Und die Prinzessin sagte: »Mit dir spiel ich am liebsten, weil du so schmutzig und zerlumpt bist.«
Und der Junge sagte: »Mit dir spiel ich am liebsten, aber ich weiß nicht, warum.«
Und sie schütteten sich aus vor Lachen und spielten Greifen und Räuber und Gendarm und Dornröschen. Doch wenn er sie tüchtig abküsste, blieb ihre Wange sauber. Niemand wusste, dass sie sich küssten.

Außer Sirdis.

Die Mutter des Mädchens hatte ein schönes Gemach im Schloss. Da saß sie den ganzen Tag mit vornehmen Damen, die ihr helfen mussten. Aber sie war eine traurige Königin, und das kam davon, weil Sirdis auf dem Schloss wohnte.

Sirdis war eine Hexe, der man nicht ansehen konnte, dass sie eine Hexe war. Der König wusste es nicht; er sagte, sie sei eine liebe Frau, und manchmal ging er zu ihr und schlief in ihrem Gemach, weil sie so schöne silberne Kissen besaß. Die Königin wusste das wohl, aber sie sagte nichts und war einfach nur traurig. Und die Prinzessin sah es auch, aber sie sagte nichts, weil sie Angst hatte. Sirdis sah, was die Prinzessin und der Gärtnerjunge spielten, denn sie konnte geradewegs durch den Hügel hindurchblicken. Sie erzählte es dem König, als er nachts auf den silbernen Kissen bei ihr schlief.

Und am nächsten Morgen sagte der König zu seiner Tochter: »Du darfst nicht mehr mit dem Gärtnerjungen spielen«, und die Prinzessin musste im Schloss bleiben und Schulaufgaben machen. Wochenlang musste sie schreiben und lesen, und sie lernte Betragen und Geschichte und Erdkunde und löste Rechenaufgaben. Sie lernte alles auswendig, aber sie war wie eine Blume in einer Vase, sie begann zu welken.

»Das geht nicht so weiter«, sagte der König zur Hexe. »Sonnabends und sonntags darf sie wieder mit dem Gärtnerjungen im Garten spielen.«

Die Prinzessin war schon morgens um sechs Uhr hinter dem Hügel, um auf ihn zu warten. Aber er war schon vor ihr gekommen, und darüber mussten sie gleich lachen. Sie spielten so schön wie nie zuvor, und zum Schluss spielten sie Dornröschen, aber als er sie länger als sonst wachgeküsst hatte, sagte er: »Ach, wir dürfen uns ja doch nicht behalten.«

»Was meinst du damit?«, fragte sie.
»Du bleibst auf dem Schloss und wirst Königin, und ich bin ein Gärtnerjunge und muss fort. Vielleicht komm ich dann nie wieder zurück. Denk an mich und verlier mich nicht, wenn ich fort bin.«
»Wenn ich Königin bin, kommst du erst recht zurück«, rief sie.
»Nein, dann darf ich bestimmt nicht zurückkommen. Verlier mich nicht!«
»Komm zurück!«
»Verlier mich nicht!«
Sie sahen einander an und fingen wieder an zu lachen. »Guten Tag, Komm-zurück«, sagte die Prinzessin zum Gärtnerjungen. »So werde ich dich von jetzt ab nennen.«
»Ach, Verlier-mich-nicht«, sagte der Gärtnerjunge, aber er flüsterte es eigentlich nur und drehte sich um.
»Komm, wir gehen zum Teich«, rief Verlier-mich-nicht. Sie fingen Kaulquappen und Käfer und zwei Salamander, und Komm-zurück rutschte mit dem Fuß ins Wasser. Sie banden seinen Schuh an einen Zweig und zündeten ein Feuer an, um den Schuh zu trocknen. Aber Sirdis sah alles und sagte zum König: »Das geht nicht, die beiden verschandeln den Park.«
Der König sagte: »Behalt deine Weisheiten für dich«, und auf einmal schien es, als habe er andere Augen, und er starrte lange vor sich hin. Dann rief er das Mädchen doch wieder ins Schloss, und sie musste Tag für Tag lernen, bis der König merkte, wie sie hinwelkte.
Da ersann er etwas anderes. Er befahl den Gärtnerjungen aufs Schloss, ließ ihm eine Samthose und ein Brokathemd anziehen, und dann musste er zusammen mit der Prinzessin lernen. Doch er konnte keine Jahreszahlen behalten, er machte Krähenfüße, und auf der Landkarte verkleckste er die Tinte, dass da Seen entstanden, die es überhaupt nicht gab.

Verlier-mich-nicht versuchte ihm zu helfen und sagte alles vor, aber Komm-zurück stieß mit dem Fuß gegen den Stuhl, bekleckerte sein Hemd mit Tee und riss ein fürchterliches Loch in sein Hosenbein.
»Da siehst du es«, sagte die Hexe.
»Ach«, machte der König.
Am Abend gerieten der König und die Hexe in Streit. »Der Junge gehört in den Garten«, fauchte die Hexe. »Und sie ins Schloss. Königin muss sie werden, ich will das, seidene Kleider muss sie tragen. Sie darf sich nicht mit einem Gärtner abgeben.«
»Ach«, sagte der König. »Sie sind ja noch jung.«
»Jung, jung?«, schrie die Hexe. »Was jung ist, wird auch mal älter. Und heiratet schließlich. Und dann vergräbt sie sich und trocknet ein wie eine Stechdistel.«
»Red keinen Unsinn«, der König seufzte.
»Wenn du das noch einmal sagst, dann verhexe ich dich!«, drohte Sirdis böse. Ihre Augen funkelten in der Dunkelheit. »Aber ich weiß, was ich tue. Ich weiß, was ich tun werde, haha! Ich werde ihn in den Garten setzen, dass er nie mehr herauskommt. Ich setze ihn fest, in die Erde! Dann ist es mit seinem Hin und Her und seinem Gescharre aus. Und du«, fuhr sie den König giftig an, »du hast dann deine Blume. Eine schöne, große Blume in deinem Garten. Das wolltest du doch so gerne, oder?«
»Ach«, sagte der König, »das solltest du nicht. Du wolltest sie doch nie.«
»Aber jetzt will ich!«, schrie die Hexe durchdringend. »Die eine, die will ich. Und das jetzt gleich!«
Sie warf die silbernen Kissen auf den Fußboden und polterte zur Tür hinaus, den Gang entlang und die Treppen hinunter, bis in den tiefsten Keller, wo sie ihre Hexenhöhle hatte.
Spät in der Nacht jagte ein Windstoß durch den Garten; es klang wie ein jämmerlicher Aufschrei, und jeder wurde wach davon.

Am nächsten Morgen war der Gärtnerjunge verschwunden. Sie konnten ihn nie wiederfinden, auch seine Kleider nicht. Aber im Garten, unter der Birke, stand eine sonderbare Blume. Mannshoch, von blasser Farbe, mit zwei blauen Tupfen, die einen wie zwei Augen anzublicken schienen, und mit faserigen Blättern. Als die Prinzessin sie sah, fing sie an zu schluchzen. »Komm-zurück«, hörte der König sie sagen. Er verstand nicht, was das bedeutete, aber etwas anderes hatte er jetzt verstanden.
Dass Sirdis eine Hexe war.

Das Zwergenboot wurde von einem harten Ruck erschüttert. Es war gegen das Ufer gestoßen, aber über der Geschichte von Jarrik hatte der Zwerg gar nicht bemerkt, dass sie schon auf der anderen Seite angelangt waren.
»Ah!«, rief der Spielmann, und mit einem geschickten Sprung war er an Land.
»Halt!«, schrie der Zwerg. »Deine Geschichte ist noch nicht aus.«
»Noch lange nicht«, sagte Jarrik. Er lächelte. »Ich hab dir doch gleich gesagt, dass sie länger dauert als die Überfahrt!«
Der Zwerg sprang auch an Land und hielt den Spielmann fest. »Du hast noch nicht genug bezahlt. Ich will noch mehr wissen. Haben sie sich noch einmal wiedergesehen?«
»Du bist ganz schön neugierig«, sagte Jarrik.
Der Zwerg klammerte sich noch fester an Jarrik. »Du solltest doch deine eigene Geschichte erzählen«, rief er heiser. »Aber du kamst ja überhaupt nicht drin vor. Oder warst du der Gärtnerjunge? Hah! Das von der Blume hast du dir bloß ausgedacht! Sie wollte dich natürlich nicht, aber das willst du mir nicht erzählen!«
Jarrik lächelte und schüttelte den Kopf. »Gärtnerjungen machen keine Musik«, sagte er.
»Aber du hast auch eine ausgefranste Hose an!«, rief der Zwerg.

»Ach, lass mich in Ruhe«, sagte Jarrik. »Ich hab überhaupt nicht meine eigene Geschichte erzählt. Das ist eine alte Geschichte, die ich eben kenne. Über mich selber gibt es nichts zu erzählen.«
»Du lügst!«, schrie der Zwerg.
»Lässt du mich jetzt endlich los?«, rief der Spielmann. Er versuchte, den Zwerg von sich abzuschütteln, und dabei grapschten die Zwergenfinger unversehens in die sieben Saiten der Laute. Ein hässlicher Ton unterbrach die Stille, und der Zwerg ließ los.
»Hol's der Henker!«, fluchte er.
Jarrik drehte sich um und eilte fast im Laufschritt den Pfad entlang, der am Ufer begann.
Der Zwerg schrie hinter ihm her. »Ich krieg dich schon noch! Ohne Pass kommst du nicht in die Stadt. Und deine Liebste findest du dort auch nicht. Haha! Ich hab sie geküsst. Herrlich. Ein weiches Wänglein hat sie, dein Liebchen. Aber jetzt hat sie ein schwarzes Zeichen. Haha! Pechschwarz, das geht nie mehr ab!«
Seine Stimme überschlug sich bei den letzten Worten vor Wut.
Aber der Landstreicher lief weiter.
»Und wenn du etwa denkst, dass du sie dort findest, in der steinernen Stadt, ha! Versuch's doch! Wer da erst einmal hineingeht, der ist für immer verschwunden. Weg. Verloren. In Dorr verdorrt man!«
Es ist ungewiss, ob der Landstreicher die letzten Worte noch hörte. Der Zwerg schwieg. Er musste zu seinem Boot, damit es nicht abtrieb. Und er wollte zurückfahren, denn er blieb nicht gerne auf dieser Seite des Wassers, wo die öde Stadt lag. Und was die Menschen dort wollten, konnte ihm eigentlich einerlei sein.

Die steinerne Stadt

Die steinerne Stadt war so grau wie Asche. Die Straßen waren geborsten, und die Fenster der Häuser glichen den Augen von Blinden, weit geöffnet, ohne etwas zu sehen.
Da gab es Tore und Plätze und Gassen, Türme und Gewölbe, verfallene Mauern und muffige Höfe, dunkle Eingänge in düstere Ecken. Keinen einzigen Baum, kein Grashälmchen, kein Blättchen Unkraut und kein Moos auf den feuchten Mauern. Nur Stein und Totenstille.
Zwergliebchen irrte umher. Den Rückweg hätte sie schon nicht mehr gefunden. Da sah sie am Ende der Straße jemanden stehen. Sie lief auf ihn zu, aber es schien ein Standbild zu sein, gruselig anzusehen und doch wieder ganz lebendig. Hier wohnt niemand, dachte sie. Sogar die Menschen sind versteinert. So lief sie weiter. Sie traf noch mehr Standbilder. Ein altes Weiblein, ein kleiner Junge mit einem Ball und mitten auf der Straße ein rennender Mann. Es schien, als stieße er einen Schrei aus, aber man hörte nichts, denn Steine sind stumm.
Zwergliebchen sah sich um. Sie hatte plötzlich das Gefühl, dass es doch Menschen gab, aber sie konnte niemanden erblicken. Sie bog um die Ecke. Lief da jemand? Sie hastete weiter. Hörte sie da nicht etwas? Das Quietschen einer Tür? Sie rannte zurück und bog wieder um die Ecke. Bewegte sich da etwas, flatterte da eine Gardine am Fenster, waren da nicht Schritte?
Am liebsten hätte sie gerufen, laut geschrien, aber sie tat es nicht. Sie wagte es nicht.
Wo war das Standbild geblieben? Das war doch eben noch da, mitten auf der Straße! Oder war das eine andere Straße? Zwerglieb-

chen lief weiter, um zu sehen, ob sie sich getäuscht hatte, aber sie hatte sich schon vollkommen verirrt und blieb unschlüssig stehen. Und plötzlich spürte sie deutlich, dass jemand sie anschaute. Mit einem Ruck drehte sie sich um. In einer halb geöffneten Tür lehnte eine alte Frau. Das Standbild? Nein, sie lebte. Sie winkte, fasste Zwergliebchen am Arm, zog sie ins Haus und schloss die Tür.

»Nicht draußen herumlaufen«, flüsterte sie. »Komm.«

Zwergliebchen folgte ihr durch den Flur.

»Kleiner Neuling«, flüsterte die Frau. »Hübscher kleiner Neuling, komm und reib Jojos Füße. Du bist noch so schön warm.«

Die Alte schlurfte weiter. Sie lief, als wären ihre Füße aus Stein, ganz langsam und wankend. Zwergliebchen folgte ihr in die Stube. Da roch es wie in einer alten Ruine. Die Fensterläden waren geschlossen, und es brannten Kerzen, die flackerten und rußten.

»Hier«, sagte Jojo, »setz dich und reib sie warm, meine armen Füße.«

Sie hatte sich auf einen Holzstuhl gesetzt und legte für Zwergliebchen ein Kissen neben sich auf den Fußboden. Das Mädchen zog die Pantoffeln von den alten Füßen und begann zu reiben. Sie waren kalt wie Stein.

»Ooh«, stöhnte Jojo, »ich habe so lange gestanden und gestanden und gestanden. Es tut weh.«

»Was ist Euch geschehen?«, fragte Zwergliebchen.

»Ach, du kleines ahnungsloses Ding«, sagte Jojo, »du weißt nichts davon, wie? Du bist hier neu. Das seh ich ja, an deiner Wange, kleines Zwergliebchen.« Sie lachte betrübt.

»Was ist an meiner Wange?«, fragte Zwergliebchen.

»Dein Pass ist drauf!«, flüsterte Jojo. »Der pechschwarze Kuss vom Zwerg. Er hat dich übergesetzt, und du bist neu in Dorr. Du weißt von dieser Stadt nichts, was?«

»Nein«, sagte Zwergliebchen. »Könnt Ihr mir sagen, wo …«

»Ooh, ich kann dir so viel erzählen. Und das will ich auch tun, wenn du reibst und reibst und reibst, mit deinen schönen warmen Händen, bis meine Füße wieder prickeln. Denn Stein prickelt nicht.«
Zwergliebchen rieb und knetete und knetete und rieb die Füße der fremden alten Frau, die sich zurücklehnte und mit heiserer Stimme zu erzählen begann.

Die Geschichte von den Geschwistern Jo und Jojo

Ich hatte noch eine Schwester: Die hieß Jo. Und ich war ihre Schwester und hieß Jojo. So waren wir die Geschwister Jo und Jojo, zwei fröhliche Mädchen mit Zöpfen und Glockenröcken, und an unserer Haustür läuteten die jungen Burschen, denn bei uns konnten sie lachen. Hier, in diesem Haus, in der Stadt Dorr, die damals noch Dorrodisia hieß, und in der es viele Kutschen und Pferde und tanzende Menschen und Lichter und Lieder und Kinder gab. Ach, was war das für eine Stadt! Am Straßenrand wuchsen Blumen, und wenn der Mond schien, war alles wunderschön blau. Wir lebten in diesem Haus, Jo und ich. Und unser Haus war voller schöner Dinge. Pfauenfedern im Flur und beleuchtete Gemälde in der Stube, und in der Küche stand Frau Wischtuch. Sie kochte rote Krebse und schwarze Muscheln, und sie briet goldbraune Rebhühner, die waren mit Mandarinen gefüllt. Die jungen Burschen liefen immer erst in die Küche und guckten in die Töpfe, aber wenn sie sich vorbeugten, um ihre Nasen in den Duft zu stecken, dann schlug ihnen Frau Wischtuch mit einem Tiegel auf den Allerwertesten, und sie kreischten vor Lachen und tanzten mit ihr um den Küchenherd Ringelreihen. Denn der stand in der Mitte. Und hier, in dieser Stube, tranken wir mit den jungen Burschen

Wein, und einer von ihnen hieß Rubin. Der sagte immer Jo zu mir und Jojo zu meiner Schwester; dann riefen wir: »Grade umgekehrt!« und schenkten ihm Wein ein, bis sich in seinem Kopf alles drehte. Aber dann fing er mit uns beiden an zu walzen, bis uns so schwindlig wurde, dass niemand mehr wusste, wer er war. Frau Wischtuch brachte die Krebse herein, und wir aßen, um unseren Drehwurm loszuwerden. Rubin pulte das Weiße aus der roten Krebsschere, machte einen leckeren Teller voll zurecht und brachte ihn mir. Und er machte noch einen Teller fertig und brachte ihn meiner Schwester. Und wenn das Fest aus war, liefen wir zwei Geschwister die Treppe zu unseren Schlafkammern hinauf und sagten gleichzeitig: »Rubin ist der hübscheste junge Mann, und er kann am besten tanzen, gute Nacht.«

Am nächsten Morgen wurde der größte Blumenkorb gebracht, den wir je gesehen hatten, und zwischen den Blumen steckte ein Brief: »Für Jojo, die ich mir morgen als Braut hole. Rubin.«

Da rief meine Schwester: »Er meint mich!«

»Nein, mich! Ich bin Jojo.«

Aber meine Schwester sagte, dass er ja doch unsere Namen verwechselte, und deshalb wäre sie Jojo.

Ich blickte sie an, und sie blickte mich an, und wir waren keine Geschwister mehr.

»Morgen bin ich seine Braut!«, rief sie.

»Und morgen bin ich seine Braut!«, rief ich.

Und wir liefen wieder gleichzeitig die Treppe hinauf, und jeder ging in seine Kammer, aber über Rubin sprachen wir nicht.

Als am nächsten Morgen das Pferdegetrappel und Rädergeratter der Kutsche in unserer Straße widerhallte, kamen wir zu gleicher Zeit aus unseren Kammern, meine Schwester und ich, und die eine schien das Spiegelbild der anderen zu sein, denn wir waren beide schneeweiße Bräute mit Kränzen aus Maiglöckchen auf dem Kopf.

Zu zweit gingen wir die Treppe hinunter, aber Rubin, der zur Tür hereingekommen war, blieb wie versteinert stehen. Er sah mich an, und er sah meine Schwester an, und er sagte »Jo« und »Jojo«. Und wir würden heute noch hier stehen, wenn nicht die Küchentür aufgegangen und Frau Wischtuch mit der Pfanne erschienen wäre. Sie gab Rubin einen schallenden Schlag auf den Kopf, sodass er flüchtete und die Tür hinter sich zuschlug.
Seitdem hat nie mehr jemand in diesem Haus gelacht, und nie mehr sind junge Burschen gekommen.
Meine Schwester und ich haben unsere Brautkleider ausgezogen und verbrannt, und als wir einander ansahen, waren wir wieder Geschwister. Wir wohnten in diesem Haus, in das niemand mehr kam, wir wurden einsam und alt und vertrockneten. Und die ganze Stadt verdorrte, die Blumen verschwanden, und auch die Lichter und die Kutschen. Es wurde nicht mehr gesungen und nicht mehr getanzt, und die Kinder wurden ängstlich und schüchtern. Aber wo die jungen Männer geblieben sind, das weiß niemand.
Und jetzt ist meine Schwester tot, und ich bin allein, und die Stadt ist versteinert. Manchmal werde ich selber zu Stein und muss Stunde um Stunde stehen. Die Leute sagen, dass ein Feind in silbernen Uniformen schuld daran ist, aber wer hat ihn jemals gesehen?

Die Füße der alten Frau waren warm geworden und bewegten sich wieder. »Sie prickeln«, sagte Jojo, »danke, mein Liebes.«
»Dann sind das gar keine richtigen Standbilder?«, fragte Zwergliebchen.
Die alte Frau schüttelte den Kopf. »Sei vorsichtig«, sagte sie, »lauf nicht über die Straße. Das kann dir auch passieren, und es dauert lange.«
»Aber ich muss über die Straße«, sagte Zwergliebchen. »Ich muss die Gärten finden. Die Gärten von Dorr. Die gibt es doch?«

»Aaah!«, rief Jojo aus. »Ah, bist du deswegen gekommen? Du junges Ding, da kommst du zu spät. Die Gärten, die Gärten, die waren so schön, da konnte man stundenlang spazieren gehen. Aber sie sind verschwunden.«
»Verschwunden?«
»Verschwunden. Genau wie die jungen Burschen«, sagte Jojo, und dabei stieß sie einen Seufzer aus, der wie der letzte Atemzug klang.
»Ich suche sie trotzdem«, sagte Zwergliebchen.
»Aber warum? Was willst du dort?«, fragte Jojo.
Zwergliebchen gab keine Antwort. Sie stand auf.
»Bleib doch!«, rief die alte Frau. »Lass mich nicht allein. Ich …, ich …, willst du was essen?«
»Gerne«, sagte Zwergliebchen, »aber dann muss ich wirklich gehen.«
»Ich merke, dass du es ernst meinst«, sagte Jojo. »Ich werde dir einen guten Rat geben. Wenn du was erfahren willst, geh zu Aljassus. Sag, dass du von mir kommst. Ich zeig dir den Weg. Aber sei vorsichtig, schau dich nicht um und klopf dreimal an seine Tür, dann lässt er dich ein.«
Darauf stand Jojo auf und ging mit Zwergliebchen in die feuchtkalte Küche, wo früher die Töpfe und Tiegel gedampft hatten und wo es jetzt nur noch Bohnensuppe gab und hartes Brot, das in die Bohnensuppe getunkt wurde.
»Wo ist eigentlich Frau Wischtuch geblieben?«, fragte Zwergliebchen.
Aber darauf gab Jojo keine Antwort.

Der schwarze Fingerpass

Es war mal ein alter Soldat.
Was war seine tapferste Tat?
Er schlief so tief, wie er wollte,
bis dass die Kugel des bösen Feinds
vor seine Nase rollte.
Das war seine tapferste Tat.

»He, was ist los, halt!«, rief Jiri. Er sprang auf und packte den Mann, der da vor ihm stand. »Halt!«, rief er noch einmal. »Deinen Pass.«

Ting-ting-tang-tang, machte Jarrik auf seiner Laute und schob das Instrument auf die Hüfte. »Einen Pass hab ich nicht, alter Haudegen, lass mich mal so durch. Ein Spielmann tut nichts Böses.«

Jiri starrte ihn mit offenem Mund an. »Ein Spielmann?«, sagte er. »Ein Spielmann in Dorr?« Er setzte sich wieder auf seine Bank, auf der er geschlafen hatte. »Haha, ein Straßenmusikant in einer toten Stadt. Da wirst du ja 'ne Menge Geld verdienen!«

»Oh, das ist nicht nötig«, sagte Jarrik. »Ich spiel zu meinem Vergnügen. Mach's gut.«

»Halt!«, rief Jiri wieder. »Ich darf ohne Pass niemanden durchlassen. Zeig mal deinen Arm. Hat dich der Zwerg übergesetzt?«

»Na klar«, sagte Jarrik.

»Ich kann aber nichts sehen«, sagte der Soldat. »Nirgends ein schwarzer Stempel. Hat er dich nicht gebissen?«

»Das nicht«, sagte Jarrik.

»Aber das ist nötig«, sagte Jiri. »Ein Biss. Oder ein Kuss, das geht auch.«

»Bah«, sagte Jarrik.
»Das Mädchen hatte einen Kuss auf der Wange.«
Jarrik packte den Soldaten am Arm. »Ist sie also doch hier gewesen?«, fragte er. »Ist sie in die Stadt gegangen? Wann, sag's, los!«
»Ah!«, sagte der Soldat. »Der Herr Spielmann kennt sie!«
»Wohin ist sie gegangen, sag's«, rief Jarrik.
»Das weiß ich nicht«, sagte Jiri. »Was suchst du eigentlich hier?«
»Das geht dich nichts an«, rief der Spielmann. »Ich muss sie finden.«
»Oh, das hat Zeit«, sagte Jiri. »Sie kommt ja doch nicht mehr raus. Sing erst mal was für mich.«
»Nein«, sagte Jarrik. »Lass mich jetzt durch.«
»Dann erzähl mir was. Erzähl mir deine Geschichte, dann lass ich dich durch.«
»Ah«, sagte Jarrik. »Genau wie der Zwerg. Aber meine Geschichte dauert zu lange. Sie war länger als die Überfahrt, und darum bekam ich keinen Pass von ihm. Aber schön, ich will dir die Fortsetzung erzählen, dann kannst du den Zwerg nach dem Anfang fragen. Das gilt zusammengenommen als Pass.«
»Hm«, brummte Jiri, »wir werden sehen.«
Da setzte sich der Spielmann neben den alten Soldaten auf die Bank, legte seine Laute vorsichtig nieder und begann zu erzählen.

Die Geschichte von der Blume: Der erste Sommer

Es war einmal ein kleines Mädchen, das lebte auf einem Schloss, und rings um das Schloss war ein großer Garten. Früher hatte sie einen Spielkameraden, aber die Hexe Sirdis, die auch auf dem Schloss wohnte, hatte ihn verjagt. Oder fortgezaubert. Und nun stand nur noch eine große, sonderbare Blume im Garten, und das

Mädchen war sehr einsam und traurig. Stundenlang saß sie vor der Blume und starrte auf die beiden blauen Tupfen, die wie Augen aussahen, und sie flüsterte: »Komm-zurück«, denn so hieß ihr Spielkamerad. Er hatte sie immer »Verlier-mich-nicht« genannt, und als sie daran dachte, musste sie noch heftiger weinen.
Jeden Morgen gab sie der Blume Wasser, eine volle Gießkanne, und so geschah es, dass die Blume lange, lange blühte, den ganzen Sommer lang.
Die vornehmen Damen, die der Mutter von Verlier-mich-nicht zu Diensten standen, gingen ab und zu in den Garten, um sich die Blume anzusehen, und sie sagten, dass es ein Prachtstück wäre, aber die Königin selber kam nie. Sie blieb in ihrem Gemach und seufzte den lieben langen Tag, weil der Vater des Mädchens, der König, nur noch bei der Hexe Sirdis war und nachts auf ihren silbernen Kissen schlief.
Aber als das Mädchen eines Morgens im Spätsommer mit der Gießkanne zur Blume eilte, war die Blume verwelkt.
»Komm-zurück«, schluchzte sie, und die Blütenblätter fielen ab und wirbelten auf die Erde. Aber der Stiel stand noch da, und dort, wo die Blume geblüht hatte, saß ein Samenkorn.
Verlier-mich-nicht pflückte das Samenkorn ab und starrte es mit tränenverschwommenen Augen an. Was sollte sie damit anfangen?
Noch jemand aber wohnte auf dem Schloss, das war ein närrischer Kerl. Er brachte jeden zum Lachen, in der Küche und in den Sälen, und manchmal sang er freche Lieder. Denn das gefiel allen. Aber Verlier-mich-nicht nicht. Sie fand den närrischen Kerl ein bisschen gruselig; und sie hatte Angst vor seinen Augen, die voller Spott saßen.
Deshalb erschrak sie auch, als er plötzlich hinter ihr stand, während sie da im Garten auf das Samenkorn in ihrer Hand starrte. Sie wollte nicht, dass er es sah, aber er sah es. »Versteck es schnell, ehe

die Hexe es merkt«, sagte der närrische Kerl. »Und verbirg auch deinen Kummer.«

»Geh weg!«, rief Verlier-mich-nicht. »Damit hast du nichts zu schaffen.«

Aber der närrische Kerl nahm ihren Kopf zwischen seine Hände. »Verlier-mich-nicht«, sagte er, »ich rede viel, aber ich erzähle nie etwas. Ich sehe viel, aber ich plaudere nie etwas aus. Und ich mache meine Späße, weil ich so viel Kummer kenne.« Und er sah sie an, wie er sie noch nie angesehen hatte, und plötzlich hatte sie keine Angst mehr vor seinen Augen.

»Heb das Samenkorn gut auf«, sagte der närrische Kerl, »und erzähl niemandem, dass du es hast.« Dann gab er ihr eine silberne Dose, so klein wie ein Würfel, damit sie das Samenkorn darin aufbewahren konnte. Aber die Hexe schien trotzdem etwas gemerkt zu haben, denn den ganzen Tag lang belauerte sie das Mädchen. Und der närrische Kerl sah, dass sie lauerte. Da fing er plötzlich an, wie toll herumzuspringen und zu tanzen. Und dazu sang er ein merkwürdiges Liedchen.

Was sie nicht weiß, was sie nicht weiß,
was sie nicht weiß, weiß ich.
Was ich nicht weiß, was ich nicht weiß,
weiß sie und gleich auch ich.

Das Lied hallte durch die Gänge, und beim letzten Wort überschlug sich jedes Mal die Stimme des närrischen Kerls, sodass jeder im Schlosse lachte, weil alle glaubten, er wäre betrunken. Aber die Hexe wurde immer unruhiger und fing an, Wein zu trinken. Der närrische Kerl brachte die Weinflaschen und schenkte ein, und dabei tat er, als tränke er selber. Er wurde immer ausgelassener und sprang und tanzte um Sirdis herum. Den ganzen Tag lang, sodass die vornehmen Damen die Köpfe mit ihren bimmelnden Ohrringen schüttelten.

Mitten in der Nacht wurde Verlier-mich-nicht plötzlich wach. Der närrische Kerl stand neben ihrem Bett.

»Verlier-mich-nicht«, sagte er, »ich kenne das Geheimnis.«

Das Mädchen setzte sich im Bett aufrecht.

»Nimm das Samenkorn«, sagte der närrische Kerl, »und halt es an dein Ohr.«

Sie hielt das Samenkorn ans Ohr und hörte ein Herz klopfen. Das Herz von Komm-zurück. Und plötzlich musste sie weinen.

»Verlier-mich-nicht«, sagte der närrische Kerl. »Du kannst hier nicht bleiben. Die Hexe weiß, dass du es hast. Sie wird es dir wegnehmen.«

»Wo soll ich denn hin?«, fragte Verlier-mich-nicht. »Und was soll ich damit machen?«, Sie starrte das Samenkorn in ihrer Hand an.

»Geh weit fort von hier und säe es im Frühjahr aus«, sagte der närrische Kerl.

»Wird es dann wieder eine Blume?«, fragte sie.

»Ja, dann wird es wieder eine Blume«, sagte er.

»Und weiter nichts?«

»Weiter nichts. Aber …« Er schwieg und sah sie an, als ob er ihr irgendetwas nicht zu sagen wagte.

»Ich will nicht, dass Sirdis ihn kriegt«, sagte Verlier-mich-nicht. »Ich werde fortgehen. Auch wenn Komm-zurück eine Blume bleibt.«

Dann gab ihr der närrische Kerl ein silbernes Kettchen, an dem sie die kleine Dose mit dem Samenkorn festmachen konnte, und legte ihr das Kettchen um den Hals. Und wieder blickte er sie an, und es war, als klopfte sein eigenes Herz geradeso ungestüm wie das Herz in dem Samenkorn. »Geh jetzt«, sagte er und schlüpfte aus ihrer Kammer.

Verlier-mich-nicht zog ihre Kleider an und nahm noch ein Bündelchen mit.
An der Treppe unten stand der närrische Kerl. »Komm«, flüsterte er und zog sie am Arm in den großen Saal. Auf einer Bank vor dem Kamin lag ihr Vater, der König. Er schlief.
»Sag ihm Lebewohl«, sagte der närrische Kerl, »aber weck ihn nicht auf!«
Da küsste das Mädchen ihren Vater auf die Stirn und legte ganz schnell ihre Wange an die seine. Die Bartstoppeln kratzten. »Leb wohl, lieber Vater«, flüsterte sie in sein Ohr, und der König ächzte, aber er schlief weiter. Der närrische Kerl sagte ihr an der Hintertür Lebewohl und gab ihr einen Kuss auf die Stirn.
»Leb wohl, liebe Verlier-mich-nicht«, sagte er.
Dann ging sie fort, vorbei an der Stelle, wo die Blume gestanden hatte, fort vom Schloss, in dem ihre Mutter seufzte und ihr Vater mit der Hexe lebte, und fort von dem Garten, in dem sie mit Komm-zurück gespielt hatte. Und sie lief auf silbernen Schuhchen, und um ihren Hals trug sie ein silbernes Kettchen mit einer Dose daran, die war so klein wie ein Würfel.

Nach dieser Geschichte schwieg Jarrik. Der Torwächter holte einen Kanten Graubrot hervor und legte ein dickes Stück Käse darauf.
»Auch ein Stück?«, fragte er.
»Gerne«, sagte Jarrik.
Während sie saßen und kauten, sagte Jiri: »Sie war es, wie?«
»Was meinst du?«, fragte Jarrik.
»Das Mädchen. Aus deiner Geschichte. Das ist die, die du suchst, was? Als sie vorbeikam, trug sie silberne Schuhe.«
Jarrik gab keine Antwort.
»Du brauchst mir nichts davon zu erzählen, verstehst du«, sagte der Soldat. »Aber war das eigentlich deine Ge-

schichte? Du solltest mir von dir selbst erzählen, aber du hast nicht ein einziges Mal ich gesagt.«

»Ach«, sagte Jarrik, »ich hab keine eigene Geschichte.«

»Aber du hattest was damit zu tun«, sagte Jiri. »Das fühl ich. Was willst du von ihr?«

Wieder gab Jarrik keine Antwort.

»Was sie hier sucht, wird sie nie finden«, sagte der alte Soldat. »Und ob du sie hier finden wirst ...«

Er schwieg.

»Ich werd's versuchen«, sagte Jarrik.

»Ehe sie verdorrt ist«, sagte Jiri. »Geh nur.«

»Kann ich ohne Pass durch?«, fragte der Spielmann.

»Du kriegst bestimmt Schwierigkeiten«, sagte der Torwächter. »Und ich auch. Aber das ist mir einerlei, denn du erinnerst mich an meinen Kameraden, den ich verloren hab.«

Jarrik nahm seine Laute, stellte sich damit vor den Soldaten, zupfte einen Akkord und sang:

Guten Tag,
Herr Soldat.
Keiner weiß, wie's weitergeht,
wenn die Sonn' am Himmel steht.
Heut verlierst du deinen Schuh,
morgen kriegst du zwei dazu.

Da sagte Jiri: »Sieh mal an, was ich hier finde: deinen Pass!« Auf der Laute, unter den Saiten, waren die pechschwarzen Abdrücke von Zwergenfingern zu sehen.

»Er hat dich doch erwischt«, sagte Jiri.

»Der Schmierfink«, rief Jarrik. Er versuchte, die Abdrücke wegzuwischen.

»Die kriegst du nie mehr ab«, sagte Jiri. »Aber dafür kannst du jetzt unbesorgt in die Stadt.«
Der Spielmann verbeugte sich. »Weil du mich auch ohne Pass durchgelassen hättest, werde ich dich nie vergessen«, sagte er. »Wenn ich jemals zurückkomme, werde ich dir einen neuen Stiefel mitbringen.«
Dann drehte er sich um und lief durch das dunkle Tor in die verlorene Stadt Dorr.
Der alte Soldat Jiri blickte ihm nicht nach.

Der blinde Zauberer Aljassus

Nicht umsehen, dachte Zwergliebchen bei sich. Ihre silbernen Schuhchen klapperten auf den Pflastersteinen von Dorr, und sie wusste nicht, ob es das Echo war, das ihr hinterherlief, oder jemand anders.

Sie blieb stehen, bückte sich, zog die Schuhe aus und nahm sie in die Hand. Auf Strümpfen macht es keinen Lärm, dachte sie, aber die geborstenen Straßen taten ihren Füßen weh.

Sie lief bis zur nächsten Ecke und sah ein gähnendes Tor vor sich. Es begann dunkel zu werden, und unter dem Torbogen war es pechschwarz. Zwergliebchen tastete sich mit der Hand an der Mauer entlang und hob ihre Füße, um nicht zu stolpern. Irgendjemand lief doch hinter ihr her; sie hörte schwere Schritte. Aber als sie innehielt, war das Geräusch verschwunden.

Zwergliebchen ging weiter und kam an das Ende des Torweges. Rechts in die Gasse, hatte Jojo ihr erklärt. Sie bog um die Ecke und stockte. Die Gasse war voller Menschen, aber man hörte keinen Laut. Sie liefen wie Ameisen durcheinander, aber keine Schritte waren zu hören, kein Wort, kein Schrei, kein Gelächter. Zwergliebchen versuchte, sich unbemerkt hindurchzuschlängeln, aber die vielen Menschen starrten sie voller Erstaunen an. Sie zeigten auf ihre linke Wange, zogen sie am Ärmel, und es schien, als wollten sie um Zwergliebchen kämpfen. Zwergliebchen riss sich los, doch immer mehr Menschen zerrten sie an Armen und Schultern, um sie zu packen. Sie verlor einen Schuh, und als sie schon glaubte, rettungslos verloren zu sein, erscholl plötzlich ein Schrei. Im selben Augenblick ließen die Menschen sie los und flüchteten aus der Gasse. Zwergliebchen blieb bebend stehen. Sie wagte nicht, sich umzublicken, denn sie wusste, dass jemand hinter ihr stand. Aus den Augenwinkeln glaubte sie etwas Silbernes schimmern zu sehen, und sie schauderte. Sie lief weiter, den einen Schuh in der Hand. Folgten ihr die Schritte?

Jetzt geht es mir wie dem Torwächter Jiri, dachte sie.

Das Haus von Aljassus hatte eine niedrige Tür. Sie fand es mühelos und klopfte dreimal an. »Nicht umsehen«, flüsterte Zwergliebchen, aber sie drehte den Kopf zur Seite, sodass der Pass auf ihrer linken Wange zu erkennen war. Denn sie dachte an die Schritte und den silbernen Schimmer.

Die Tür ging langsam auf, und Zwergliebchen tappte den dunklen Gang entlang. Hier fühlte sie sich sicherer als auf der Straße. Eine suchende Hand legte sich auf ihre Schulter. »Ich komme von Jojo«, sagte sie schnell. »Sie hat mich zu Euch geschickt. Seid Ihr Aljassus? Ich bin ein Neuling hier. Ich heiße Zwergliebchen.«

»Aaah!«, erklang eine tiefe, raue Stimme. »Aaah, willkommen in meinem Alkoven. Tritt näher.«

Die Hand zog sie mit, in die Dunkelheit, einen langen Gang entlang, durch eine Tür, und drückte sie sanft auf einen Stuhl. Zwei Hände tasteten über ihren Kopf, ihren Hals, ihr Haar, über Stirn, Nase, Mund, Wangen. »Aaah, vom Zwerg! Bist du mit ihm übers Wasser gekommen? Wie konntest du das tun?«

Die Hände tasteten weiter. Ihre Arme, ihren Leib, ihre Beine. »Ach, nun sehe ich, wer du bist. Ich sehe es«, murmelte der Alte.

»Aber ich sehe nichts«, sagte Zwergliebchen. »Hier in dieser stockfinsteren Kammer.«

»Warte, liebes Kind, warte«, erklang die Stimme. Der Alte nahm ihre Hände und führte sie an seinen Kopf. Zwergliebchen fühlte einen runzligen Schädel, buschige Augenbrauen, sanft geschlossene Augenlider, Wangen und Haar, viel Haar, einen Bart, einen endlosen Bart, der erst bei den Sandalen endete.

»Das ist Aljassus«, sagte die Stimme. »Aljassus hat kein Licht. Aber die Stimme braucht kein Licht. Wer Ohren hat, kann damit sehen, wenn der andere spricht.«
»Ich suche die Gärten von Dorr«, sagte Zwergliebchen. »Könnt Ihr mir sagen, wo ich sie finden kann?«
»Ooh, au! Das tut meinen Augen weh. Immer noch schmerzen meine Augen. Die Gärten, die Gärten, die die Augen blenden.« Die Hände von Aljassus pressten Zwergliebchens Arm. »Ich sehe sie, aber sie sind nicht da. Nicht da. Nicht da.«
»Aber sie müssen da sein! Bitte!«, flehte Zwergliebchen. »Ich muss hin.«
Aljassus drückte ihren Arm noch heftiger. »Wer bist du?«, flüsterte er. »Wer bist du, Zwergliebchen, dass du danach fragst?«
Er ließ ihren Arm los, und sie fühlte, wie seine Hände nach ihrem Hals tasteten. Seine Finger berührten das silberne Kettchen.
»Aah, da ist ein Geheimnis verborgen, aber ich kann es nicht sehen. Lass es mich sehen.«
»Das darf ich nicht«, sagte Zwergliebchen.
»Aber es klopft«, sagte Aljassus, »ich fühle es.«
»Das ist mein Herz«, sagte Zwergliebchen.
»Nein, das ist nicht dein Herz«, sagte er. »Aljassus ist ein alter Zauberer, er sieht dein Geheimnis. Er sieht es, er sieht es. Ein alter Baum an einer einsamen Stelle, Fingerhutkraut und stachlige Brombeeren, ein Gebirgsbach, Vergissmeinnicht, eine tiefe Schlucht voll wilder Narzissen und Kletterrosen und violetter Glockenblumen. Und dazwischen steht eine seltsame Blume, immer wieder die eine seltsame Blume. Oh, welch ein langer, beschwerlicher Weg, mein liebes Kind, wie hast du das geschafft, und was willst du jetzt in dieser verlorenen Stadt? Was willst du nach verlorenen Gärten suchen? Du bist ebenso töricht wie tapfer.«
Er hatte ihren Kopf in seine Hände genommen und schwieg lange.

Zwergliebchen sagte: »Wenn Ihr mein Geheimnis sehen könnt, könnt Ihr dann nicht auch sehen, wo die verlorenen Gärten liegen?«
»Ah, das Herz weiß Rat, wenn der Verstand nicht weiter weiß«, sagte Aljassus. »Wir wollen es versuchen! Lass mich die alte Kunst noch einmal probieren.«
Zwergliebchen hörte ihn aufstehen und durch die Stube schlurfen. Schubladen wurden herausgezogen, Papiere raschelten und knisterten, ein Stößel zerstampfte etwas in einem kupfernen Mörser, ein Löffelchen rührte in einem Näpfchen, und der Greis murmelte und ächzte. Alles in der undurchdringlichen Dunkelheit, in diesem geheimnisvollen Gemach, in dem Zwergliebchen die ganze Zeit noch kein Fünkchen Licht wahrgenommen hatte.
Doch in diesem Augenblick sprang eine helle Flamme bis zur Decke. Ein gespenstisches Licht warf tanzende Schatten an die Wände. Im grellen Licht eines Blitzes erblickte Zwergliebchen den alten Zauberer mit einem schneeweißen Bart. Dann war es wieder finster. Nur ein sanftes Glühen war noch zu sehen, über dem sich Qualm und Rauch ausbreitete. Ein sonderbarer Duft, der Erinnerungen an eine längst vergangene Zeit wachrief, drang ihr in die Nase; Zwergliebchen wurde so benommen, als schliefe sie ein und fiele in einen tiefen Traum.
Sie hörte die Stimme von Aljassus, und was er erzählte, hatte sie so deutlich vor Augen, als geschähe alles in dem Gemach, in dem sie saß. Und dies ist die Geschichte:

Die Geschichte von der schwarzen Kutsche

Ein Fest, ein Fest, es gibt ein Fest! Musik zum Tanzen und Springen, Trommeln in der Ferne, süßer Geruch von Ölstrudeln, schrill tönende Hupen, Knallen, Gejohle, Gelächter. Eine Kinderschar schlängelt sich wie ein lärmender Wurm durch die Menge. Bunte Kleider, maskierte Menschen, bemalte Wangen, närrische Larven. Jemand zieht einen anderen am Ärmel. »Sieh doch, da, sieh doch!« Feuerwerk sprüht in goldenen Tropfen auseinander, ein Pfeil mit einem roten Schweif steigt in den Himmel, explodiert und sinkt wie ein Fallschirm auf die Erde nieder. Grün, gelb, rot, blau. »Ooooh!« Jemand stellt sich vor dich, tritt dir auf die Zehen, du stößt ihn weg. Wieder ein feuriger Komet, dann ein Donnerschlag, aber die Musik spielt ungerührt weiter.

Weit entfernt, von Stille umgeben, sitzt der Torwächter. Er sieht nur die höchsten Feuerpfeile; er hört nichts. Hundert Häuser stehen zwischen ihm und dem Platz, wo das Fest in vollem Gange ist. Er muss das Tor bewachen, denn nachts dürfen Fremde nicht so mir nichts, dir nichts in die Stadt Dorrodisia. Ein Dröhnen schreckt ihn auf. Ist es ein Feuerpfeil, den er doch hört? Wieder ein Dröhnen. Da ist jemand, der gegen das Stadttor schlägt.

Der Torwächter öffnet die Luke. »Immer mit der Ruhe«, ruft er, aber niemand ist zu sehen. »Wer da?«

Eine brummige Stimme antwortet: »Ich! Öffne das Tor für meine Herrin.«

Der Torwächter steckt seinen Kopf durch die Luke und guckt hinunter. Da steht ein krummer Zwerg.

»Mach auf, hast du gehört!«, ruft der Zwerg noch einmal und wendet sein Gesicht nach oben.

»So«, sagt der Torwächter. »Wer ist deine Herrin eigentlich?«

»Wenn du das noch mal zu fragen wagst, hack ich dir den Kopf ab!«, schreit der Zwerg, und mit einer unerwarteten Bewegung springt er hoch und klammert sich in den Haaren des Torwächters fest.

»Lass mich los!«

»Mach auf!«

»Lass mich los. So reich ich nicht an den Riegel.«
Der Zwerg lässt los.
Aber der Torwächter schlägt die Luke zu und legt auch noch den zweiten und dritten Riegel – die für Kriegszeiten angebracht wurden – vor das Stadttor. »So, mein Lieber«, murmelt er, und dann geht er vom Tor weg.
Mit einem furchtbaren Krachen wird das schwere Tor langsam eingedrückt. Die Riegel biegen sich wie dünne Drähtchen.
Der Torwächter steht wie versteinert da. Er sieht, wie der Zwerg hereinkommt, und er hört Pferdegetrappel; es sind vier Pferde, pechschwarz, mit weißem Schaum vor dem Maul, und dann erscheint die Kutsche, schwarz wie die Nacht.

Dröhnend schlägt das Tor hinter ihnen zu, aber der Wächter erschrickt nicht. Wie versteinert starrt er auf den Zwerg, die Pferde und die Kutsche, die in die Stadt einziehen.

Ein Fest, ein Fest, es gibt ein Fest! Musik zum Springen, Trommeln, Knallen, Feuerwerk, Ölstrudel, Hupen, Gejohle, Geschrei, Gelächter. Menschen. Menschen, die holterdiepolter über den Platz lärmen, herumhopsen, Männer, die juchhe! schreien, und Frauen, die kreischen. Kinder, die sich herumtreiben, Rasseln an den Füßen und klebrigen Nougat an den Fingern. Und wieder wird man am Ärmel gezogen: »Sieh doch, da, sieh!«

Pechschwarze Pferde, Menschen drängen zur Seite, machen Platz, jemand stellt sich vor dich, tritt dir auf die Zehen, du stößt ihn weg. Eine Kutsche, schwarz wie die Nacht. Sie bleibt dicht vor dir stehen. Ein Zwerg, den vorher noch niemand gesehen hat, öffnet die Tür und klappt eine kleine Treppe heraus.

Totenstille. Das Fest hält den Atem an.

Und dann erscheint sie. In einem Gewand, das die Augen blendet, mit einer schimmernden Krone auf dem Haar: die Dame.

»Dorrodisia!«, ruft sie. »Dorrodisia!« Ihre Stimme klingt schrill. »Ich bin zurückgekommen, ich will mit euch feiern. Musik!«

Sie hüpft die kleine Treppe herunter und beginnt auf den Pflastersteinen mit kleinen Schritten und klappernden Absätzen zu tanzen. Aber die Musik schweigt. Und die Menge schweigt. Niemand rührt einen Finger.

Die Dame tanzt weiter; sie rafft ihr langes Gewand, um ihre Füße frei zu machen. »Musik!«, ruft sie wieder. »Vorwärts!« Und sie tanzt auf eine Gruppe junger Männer zu und streckt ihren Arm aus, aber die jungen Männer weichen zurück. Keiner will mit ihr tanzen, denn die Dame hat Blitze in den Augen.

»Musik!«, ruft sie zum dritten Mal. Sie kreischt es, und das Klickklack ihrer Absätze verwandelt sich in Stampfen. »Ah, Dorrodisianer, kennt ihr mich nicht mehr? Oder habt ihr Angst? Ich fordere euch heraus! Morgen Nacht, zur Tagundnachtgleiche am dreiundzwanzigsten September, werde ich hier in meiner Kutsche auf den silbernen Kissen warten. Einen will ich dann haben. Einen, der mit mir tanzt. Kommt er nicht, dann verschwindet die Frau, die hier steht, Odisia!«

Mit einer raschen Bewegung springt sie in die schwarze Kutsche, die mit Pferden und Zwerg von dem Fest fortrattert.

Das Fest ist tot. Die Menschen gehen nach Hause, tasten sich wortlos durch die dunklen Straßen.

Wer ist die Dame Odisia? Niemand weiß es. Vielleicht die Kröte Glop, die unter dem alten Turm wohnt, aber wer wagt sich dort hin?

Am nächsten Morgen sitzen die jungen Männer zusammen. Sie flüstern. Keiner hat den Mut, zu der Dame mit den blitzenden Augen zu gehen und mit ihr zu tanzen.

»Aber sie ist so schön«, sagen die älteren.

»Geht dann einer von euch?«, fragen die jungen Männer.

»Wir können nicht. Nicht in unserem Alter.«

»Vielleicht ein Kind? Das kann nicht schaden.«

»Das ist unmöglich.«

Sie reden bis in den Abend.

Sie gehen nach Hause, als es dunkel wird.

Das Stadttor ist verschlossen geblieben. Der Torwächter steht immer noch wie versteinert da.

Und die ganze Nacht über wartet mitten auf dem Platz, wo gestern das Fest war, die pechschwarze Kutsche. Davor die Pferde, unbeweglich, mit hängenden Köpfen, und dahinter der Zwerg, gebückt, als trüge er eine Last.

Getraut sich jemand hin? Wer wagt es, hinüberzuspähen? Wer wagt sich auf die Straße?

Einer wagt es. Kein junger Mann, sondern ein alter, mit einem weißen Bart. Er überquert geradewegs den Platz, er geht auf die Kutsche zu, er öffnet die Tür und setzt einen Fuß auf die kleine Treppe.
Aber da ertönt ein schrilles Gelächter, und der alte Mann schreckt zurück. »Wolltest du es versuchen?«, schreit die Dame. »Wolltest du mich mit deinen Zauberkünsten verhexen? Da!«, kreischt sie. »Da! Du Retter von Dorr! Odisia verschwindet!« Ein fürchterlicher Blitzstrahl schießt aus ihren Augen und trifft die seinen. Der Blitz blendet. Und im gleichen Augenblick bäumen sich die Pferde auf und galoppieren in wildem Lauf vom Platz, die Kutsche mit dem Zwerg, der hinten aufgesprungen ist, in rasender Fahrt hinter sich herzerrend. Und zugleich jagt ein Windstoß über die Stadt; es klingt wie ein Jammerschrei aus tausend Kehlen, der zu einer einzigen Stelle fortgetragen und dann erstickt wird.
Am folgenden Morgen wird der Greis gefunden. Er liegt noch auf dem Platz. Er ist blind.

Die Spuren der Pferdehufe und Kutschenräder sind schwarz auf die Pflastersteine gezeichnet.
»Wohin führen sie?«, fragt der alte Mann. »Folgt den Spuren.«
Sie geleiten ihn durch die Straßen, den schwarzen Spuren nach, kreuz und quer durch die Stadt, von einer Straße in die andere, über Plätze und Märkte. »Wo sind wir jetzt?«, fragt der Alte jedes Mal. »Wo sind wir jetzt?« Und die Stimmen um ihn herum sagen es: »In der Hinstraße, in der Zurückstraße, im Durchweg, auf dem Kreuzundquerplatz.«
»Ich verstehe es nicht«, murmelt der Mann mit dem weißen Bart. »Wo kommen wir raus?«
Er ist blind.
»Wir wissen es nicht«, sagen die Stimmen um ihn herum. »Wir wissen es auch nicht. Wir irren umher. Die Stadt hat sich verändert.«
Wessen Stimmen sind das. Sind es Fremde?
»Aber wir müssen doch hier in der Nähe der Gärten sein«, sagt der alte Mann.

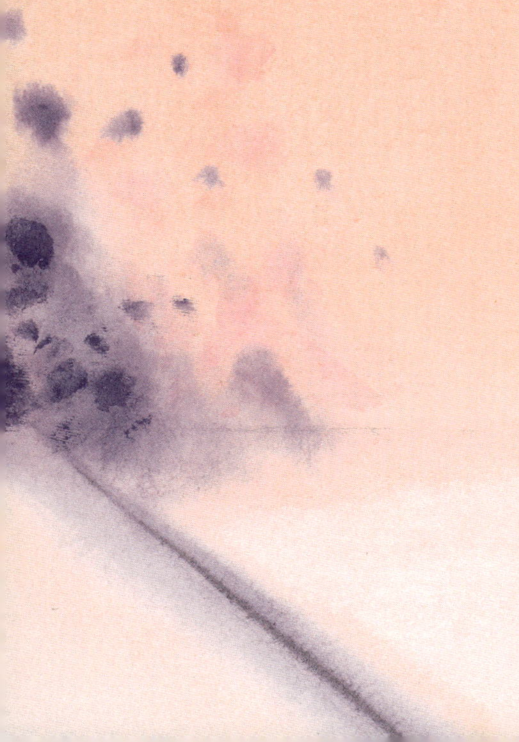

»Gärten?«, fragen die Stimmen. »Wo sind die Gärten?«
»An der Mauer vorbei«, sagt der Alte. »Hinter dem Lilientor.«
»Lilientor?«, fragen die Stimmen. Der blinde Mann erkennt sie nicht mehr.
»Ah, da ist eine Mauer!«, wird gerufen. Und dann ein Schrei: »Wir können nicht weiter!«
»Warum?«
»Die schwarzen Spuren hören auf. Sie verschwinden in der Mauer.«
»Klettre rauf!«, ruft der Alte. »Guck über die Mauer!«
Aber das wagt niemand. Die schwarze Kutsche ist geradewegs durch die Mauer gefahren. Und in der Mauer ist keine Lücke. Es ist Zauberei. Die Menschen werden ängstlich, ihre Stimmen verraten es. Sie lassen den alten Mann los. »Komm!«, rufen sie. »Es ist gefährlich hier! Nur weg!«
Der blinde Mann ist jetzt allein. Er sucht die Mauer ab, aber er findet nirgends eine Pforte oder einen Durchgang. Dann tastet er sich den Weg zurück. Er irrt die Straßen entlang, seine Hände suchen an den Häuserwänden den Weg. Wo sind die Menschen geblieben? Die Stadt scheint leer zu sein, tot, geräuschlos. Aber doch nicht ganz. Eine alte Frau findet ihn und bringt ihn zu seinem Haus. Sie hat Angst, sie weiß nicht, was geschehen ist, sie kann nichts erzählen, aber sie bringt ihn hierher, in diese Kammer, wo er seitdem lebt. Und nachdenkt und nachdenkt. Und so sitzt er dir jetzt gegenüber, Zwergliebchen, denn dieser Greis war niemand anders als Aljassus.

Es war, als erwache Zwergliebchen aus einem Traum. Die Kammer war wieder dunkel, das Glühen hatte aufgehört.
»Aber habt Ihr weiter nichts erfahren?«, fragte sie.
»Ich habe nachgedacht und nachgedacht und nachgedacht«, antwortete Aljassus, »und geraten. Sie war eine Hexe.«

»Wer, die Dame?«, fragte Zwergliebchen.
»Die Dame«, antwortete Aljassus. »Sie muss mit dieser Stadt etwas zu tun haben, aber niemand kannte sie, und niemand wusste etwas von ihr. Ich sah, dass sie eine Hexe war; ich dachte, ich könnte sie vertreiben, um die Stadt zu retten, aber sie war stärker als ich. Mit ihren Augen. Und sie hat ihre schreckliche Drohung wahr gemacht, Odisia ist verschwunden, und Dorr ist geblieben. Alles Leben hat sie mitgenommen. Man sagt, dass kein Baum und kein Grashälmchen mehr wächst, in der ganzen Stadt nicht.«
»Nein«, sagte Zwergliebchen. »In Dorr nicht.«
»Und die jungen Männer, wo sind sie? Wohnen hier nur noch alte Frauen?«
»Ich glaube«, sagte Zwergliebchen.
»Aber die Gärten«, flüsterte Aljassus heiser, »die schönen Gärten von Dorr. Ich frage mich und frage mich …, hat sie die Gärten verborgen, weil sie alles Leben dort versteckt hat?«
Zwergliebchen hielt den Atem an. »Was …, was meint Ihr?«, fragte sie bebend.
»Ich weiß es nicht, ich weiß es nicht …« Der alte Zauberer schien zu grübeln. Es war Zwergliebchen, als könnte sie ihn sitzen sehen, in dieser pechschwarzen Kammer, und sie wusste nicht genau, ob sie seine Stimme hörte oder seine Gedanken las: »Die Mauer, hinter der die schwarzen Spuren verschwunden sind, die Mauer verbirgt das Geheimnis.«
»Aber sind die schwarzen Spuren nicht zu finden?«, fragte Zwergliebchen. »Die kann ich doch suchen gehen, einfach auf der Straße?«
»Oooh, ich hab viele gefragt«, rief Aljassus aus. »So viele. Aber niemand hat sie gefunden. Nein, das brauchst du gar nicht erst zu versuchen.«
»Aber Odisia«, fing Zwergliebchen wieder an, »einen gibt es doch, der was von Odisia weiß?«

»So?«
»Ihr habt ihn in Eurer Geschichte genannt: Glop. Wer ist das? Kann ich da nicht hin?«
»Glop?«, rief Aljassus aus. »Dieses abscheuliche Wesen? Nie!«
»Ich hab keine Angst«, sagte Zwergliebchen.
Der Zauberer schwieg. Dann sagte er: »Du hast doch Angst, mein liebes Zwergliebchen, aber es gibt etwas, das ist stärker als deine Angst. Ich frage dich nicht, was es ist. Ein alter blinder Zauberer sieht mehr, als man erzählt, und er versteht mehr, als erklärt wird. Wenn du zu Glop gehst, dann sei vorsichtig. Lass ihn nicht deinen Hals berühren, Zwergliebchen, sonst ist dein Geheimnis verloren.«
»Wo kann ich ihn finden?«, fragte sie.
»Im Gewölbe unter dem alten Turm. Dort bewacht er die Stadtchronik, und darin muss etwas über Odisia geschrieben stehen. Aber ob es dir gelingt, in der Chronik zu lesen ..., geh lieber nicht hin!«
»Doch«, sagte Zwergliebchen. »Wo ist der alte Turm?«
Der Greis seufzte. »Im alten Turm hängt die Glocke Banaung. Sie läutet jetzt nur noch zweimal im Jahr, zur Tagundnachtgleiche am dreiundzwanzigsten September und am einundzwanzigsten März. Wenn du die Glocke Banaung hörst, dann geh hin und steig die Treppe hinunter, solange sie läutet.«
»Es ist bald Frühling«, murmelte Zwergliebchen. »Ich werd jetzt gehen, um in der Nähe des Turms zu sein, wenn es so weit ist.«
Sie stand auf und fühlte plötzlich die Hände des Alten an ihren Wangen. »Sei vorsichtig auf der Straße«, flüsterte er. »So jung wie du ist niemand in Dorr! Aber wer so tapfer ist wie du, kann die Stadt vielleicht retten.«
Zwergliebchen erschrak. »Retten?«, sagte sie. »Aber ich bin doch nicht gekommen, um die Stadt zu retten. Ich ..., ich ...«, stotterte sie und wurde feuerrot. Aljassus fühlte es. »Doch«, sagte er.

Dann küsste er sie auf die Stirn und ließ sie los.
»Geh«, sagte er. »Aljassus sieht mehr als Zwergliebchen. Wer wird wohl recht haben? Wer sucht, der findet. Aber nicht immer das, was er sucht.«
Er führte sie zur Tür und öffnete. Das graue Tageslicht von Dorr blendete Zwergliebchen, als sie die Straße entlanglief. Sie zog den einen Schuh wieder an, den sie noch hatte.

Ein Lied für Jojo

In den aschgrauen Straßen der verlorenen Stadt Dorr, zwischen den Häusern mit ihren blinden Fenstern, erklang ein Lied.

Meine Liebste suche ich,
such sie Jahr um Jahr.

Es schallte gegen die Mauern, es drang in die Risse und Sprünge, es hallte in den Gewölben wider.

Wie ich heiß, das weiß ich nicht,
hab's vergessen gar.
Wandre früh, wandre spät,
wandre durch die ganze Welt,
wandre Tag und Nacht.
Müd hat's mich gemacht.

Wie sie heißt, vergess ich nie,
kann es nicht verlieren.
Hab's versteckt in meinem Lied,
wer's wissen will, mag's hören.

Lockere Steine sprangen ab und zerbröckelten auf der Straße, das Echo verwirrte die Töne des Liedes und warf die Worte durcheinander. Der Spielmann bog um die Ecke und klimperte auf allen sieben Saiten seiner Laute gleichzeitig, als versuchte er, Leben aus den toten Steinen zu locken. Aber die Mauern blieben taub und die Fenster blind. Obwohl …

Der Spielmann lief mitten auf einen Platz, schlug die Saiten der Laute und sang ein neues Lied:

Als einst zwei schwarze Kakerlaken,
als einst zwei schwarze Kakerlaken
in ihrem Keller schlickerig
zwei Jahr auf einem Betttuch lagen,
zwei Jahr auf einem Betttuch lagen,
was blieb da von dem Bettelaken
in ihrem Keller überig?

Der Platz blieb grau, die Häuser blieben tot, die Standbilder versteinert. Obwohl ...
Der Spielmann ging weiter. Sein Lied war von den Steinen verschluckt worden. Kein Ton, kein Widerhall war mehr zu hören. »Heda!«, rief er, »hat niemand einen Groschen für einen armen Spielmann?«
Keine Antwort kam, und nichts regte sich. Der Spielmann machte in einer Straße Halt und sang noch einmal sein freches Lied, aber die einzige Antwort, die er erhielt, war Totenstille.
»Wartet nur!«, schallte seine Stimme, und er wollte gerade laut jodeln, um ein bisschen Leben herauszulocken, als hinter ihm sacht eine Tür quietschte.
»Pss!«, flüsterte jemand.
Der Spielmann drehte sich um. In der Türöffnung stand eine alte Frau. Sie winkte ihn zu sich heran.
»Hatzi!«, nieste der Spielmann. »Verzeihung, meine Dame, haben Sie einen Groschen für mich?«
»Sst! Sei doch still. Hüte dich vor den Silbernen, auch wenn es sie vielleicht gar nicht gibt.« Sie zog ihn am Ärmel. »Komm! Komm rein! Komm mit deiner Musik rein! Ins Hinterstübchen, Fenster-

läden zu, Gardinen zu, und dann Musik, heimliche Musik. Jojo hat schon so lange keine Musik gehört. Komm!«
Sie schloss die Tür hinter dem Spielmann und zog ihn mit sich durch den Flur, in das Kämmerchen mit den flackernden Kerzen, abseits der Straße. »Hier, setz dich«, sagte sie, »und spiel und sing und tanz. Wie heißt du?«
»Jarrik«, sagte der Spielmann.
»O Jarrik!«, rief Jojo. Sie war ganz aus dem Häuschen. Tränen liefen über ihre Wangen, wie trunken war sie oder nicht ganz bei Trost. »O Jarrik, das ist die glücklichste Stunde meiner alten Tage. Mein letztes Fest, wie die Feste von damals, und wenn auch nur einer bei mir ist. Spiel!«, rief sie mit funkelnden Augen.
Und Jarrik begann:

Meine Liebste suche ich,
such sie Jahr um Jahr.

»Ah!«, unterbrach ihn Jojo. »Zwergliebchen?«
Der Spielmann ließ seine Laute sinken. »Zwergliebchen?«, fragte er. »Wer ist das?«
Jojo lachte geheimnisvoll. »Sie ist hier gewesen«, sagte sie.
Jarrik sprang auf. »Hier gewesen?«, rief er. »Wer ist es, ein Mädchen? Wie sah sie aus?«
»Ah! Das hab ich mir gedacht. Nein, nein, ich erzähl dir nichts. Erst musst du spielen. Und singen.«
Jarrik packte sie am Arm. »Sag's!«, rief er. »Ich suche sie.«
Aber Jojo lachte wie jemand, der durch nichts aus der Ruhe zu bringen ist. »Spiel«, sagte sie nur, »und sing.«
Und Jarrik begriff, dass er sie nur dadurch zum Erzählen bewegen konnte. Er sang noch einmal das Lied von den Kakerlaken und das Lied von Frau Schnecke und Herrn Schneck und

noch fünf andere Lieder, und Jojo saß mit strahlenden Augen vor ihm, lauschte, wiegte sich im Takt, und manchmal schloss sie die Augen und dachte an vergangene Zeiten. Beim letzten Lied tanzte sie durch die Stube, und als es zu Ende war, setzte sie sich keuchend und stammelte: »Rubin, ach, Rubin«, und ihre Augen wurden feucht.

»Jetzt will ich was von Zwergliebchen wissen«, sagte Jarrik.

Aber Jojo schüttelte den Kopf und starrte in die Ferne, durch Gardinen und Fenster, auf die Straßen von früher, die voller Glanz und Leben waren.

»Ach nein«, sagte sie. »Erst musst du erzählen. Von ihr. Jung ist sie, und lebendig, und nicht verdorrt. Und sie kommt von draußen. Erzähl von draußen, Jarrik, von Bäumen und Gras und Blumen, wo sie herkommt. Wenn du das tust, werde ich dir sagen, wo du sie finden kannst.«

Jarrik legte die Laute neben sich. »Gut«, sagte er. »Ich werd von der Wiese erzählen. Und von einer Blume. Hör zu.«

Und während die flackernden Kerzen ihre Schatten auf und nieder tanzen ließen und die alte Frau sich in ihrem Stuhl zurücklehnte, begann er zu erzählen.

Die Geschichte von den Geißen: Der zweite Sommer

Es war einmal ein Bauer, der hatte sieben Geißen und eine Wiese. Die Geißen waren weiß, und die Wiese war auch weiß, aber nur im Winter, wenn es schneite. Im Frühling war sie gelb von Löwenzahn, im Sommer war sie grün von Klee, und im Herbst sah sie kahl und abgegrast aus. Die Geißen liefen oft fort, denn der Bauer hatte keinen Zaun um die Wiese, aber eines Abends klopfte es, und vor der Tür stand ein Mädchen.

»Habt Ihr nichts, was ich hüten kann?«, fragte sie.
»Doch«, sagte der Bauer, »sieben Geißen.«
»Das ist fein«, sagte das Mädchen. Es war noch klein.
»Du musst aber billiger sein als ein Zaun«, sagte der Bauer. »Anders geht es nicht.«
»Ich will nur zu essen haben und ein Bett«, sagte das Mädchen.
»Da«, sagte der Bauer. Er zeigte auf den Speicher über dem Geißenstall. »Morgen früh fängst du an. Du kriegst ein Stück Roggenbrot, wenn die sieben Geißen am Abend wieder im Stall sind. Und wenn eine fehlt, kriegst du eine Tracht Prügel.«
Das Mädchen legte sich schlafen, und am anderen Morgen trieb sie die Geißen auf die Wiese. Sie gab acht, und die Geißen grasten und grasten, aber den Löwenzahn ließen sie stehen, denn Gelb mochten sie nicht. »Es ist Zeit«, murmelte das Mädchen, »es ist Zeit.« Sie spähte umher und sah am Rande der großen Wiese einen alten Baum stehen. Unter dem Baum war Gesträuch. Dorthin lief sie; es war eine einsame Stelle, wo Fingerhut und ein stachliger Brombeerstrauch wuchsen. Hier soll es sein, dachte sie bei sich, hier kommt nie jemand her.
Sie rupfte das Gras aus und machte ein kleines Beet. Dann bückte sie sich, holte etwas aus ihrem Kleidchen, steckte es vorsichtig in das Beet und deckte es mit Erde zu.
»Määäh«, ertönte es hinter ihr. Sie drehte sich um, da standen die sieben Geißen und guckten ihr neugierig zu.
»Seid still, ihr!«, rief sie. »Und schert euch weg!« Sie jagte die Geißen auf die Wiese zurück.
An diesem Tag lief sie oft zum Bach, schöpfte mit ihren Händchen Wasser und begoss das Beet. Das tat sie eine ganze Woche lang, und die Geißen gewöhnten sich daran und guckten nicht mehr. Und weil das Mädchen freundlich zu ihnen war, liefen sie auch nicht weg; jeden Abend bekamen sie von ihr ein Stück Roggenbrot,

aber die Suppe, die sie am Sonntag bekam, die aß sie allein, denn die mögen Geißen nicht.
Nach einem Monat war auf dem kleinen Beet eine Pflanze gewachsen, die größer und größer wurde. Und eines Morgens, im Juni, trug sie eine Knospe, die bald aufspringen sollte. In dieser Nacht schlief das Mädchen nicht. Bevor die Sonne aufging, weckte sie die Geißen und lief mit ihnen hinaus. Als die ersten Sonnenstrahlen durchbrachen, saß das Mädchen schon bei der Pflanze; die Knospe brach auf, und eine sonderbare Blume öffnete sich zum Sonnenlicht.
»Bist du wieder da?«, flüsterte das Mädchen. »Bist du wieder da, mein Komm-zurück.« Sie weinte wohl ein bisschen, und als sie aufstand, um der Blume einen vorsichtigen Kuss zu geben, blinkten unter den beiden blauen Tupfen auf den Blütenblättern der Blume dicke Tautropfen.
»Ich werde gut für dich sorgen«, sagte sie, »den ganzen Sommer«, und sie rannte zum Bach, um zwei Händchen voll Wasser zu holen. Aber jetzt kamen die Geißen wieder und wollten gucken.
»Geht weg!«, rief das Mädchen, und ihre Stimme klang anders als sonst. Den ganzen Tag saß sie bei der Blume. Sie starrte sie an, sie sprach zu ihr, sie blickte nicht auf und sah sich nicht um. Und eines Abends war eine Geiß fort.
»Diesmal kriegst du noch keine Prügel«, sagte der Bauer. »Geh und such sie.«
Das Mädchen irrte umher. »Geißlein, Geißlein!«, rief sie. Am Bach, unter der Buche, auf der anderen Seite der Wiese, zwischen den Sträuchern – überall suchte sie, und der Mond half ihr. »Geißlein, Geißlein!«
Dann lief sie zur Blume, und da stand die Geiß. Sie hatte ein Blatt abgefressen. »Mach dich fort!«, schrie das Mädchen. Sie zog das Tier nach Hause und stieß es in den Stall. Diesmal bekam das Mädchen nur ein halbes Stück Roggenbrot.

In der Nacht schlief sie wieder nicht. Am nächsten Morgen brach sie die Zweige des stachligen Brombeerstrauchs ab, um eine Hecke daraus zu flechten, die die seltsame Blume schützen sollte. Die Dornen stachen sie tief in die Finger. Die Finger waren rot vom Blut, aber am Abend war die Hecke doch erst zur Hälfte fertig.

»Geißlein, wir gehen nach Hause!«, rief sie, aber zwei Geißen waren verschwunden.

Wenn ich die beiden suche, fressen die anderen meine Blume, dachte sie. Und wenn ich mit fünf Geißen nach Hause komme, kriege ich Schläge. – Aber sie ging trotzdem nach Hause.

»Das ist das letzte Mal, dass ich dir keine Prügel gebe«, sagte der Bauer. »Geh und such sie.«

Und das Mädchen irrte wieder umher und rief: »Geißlein!« Aber plötzlich erschrak sie und rannte zu ihrer Blume. Da standen die beiden weißen Geißen, aber sie hatten die Blume nicht angeknabbert, denn die andere Hälfte der Hecke aus stachligen Brombeerzweigen war fertiggeflochten.

Das Mädchen starrte mit offenem Mund auf die Hecke. Wer hatte das gemacht?

Als sie nach Hause kam, kriegte sie nur ein ganz kleines Stück Roggenbrot.

Den ganzen Sommer über passte sie nun gut auf die Geißen auf. Aber sie lief auch immer zum Bach, um Wasser für die Blume zu holen. Sie goss es über die Brombeerhecke, und jedes Mal blieb sie ein Weilchen stehen und schaute die Blume an. Und jedes Mal sang sie ein Liedchen; das Lied von einem Garten mit Fischteichen und von großen Bäumen und von einer geheimen Höhle und von Dornröschen.

Dann kamen die Geißen herbei und guckten neugierig. Sie verstanden nicht, warum sich das Mädchen nicht lieber mitten auf die Wiese setzte, um zu singen, denn der Sommer war doch so schön.

Der Löwenzahn war fort, aber das Gras blühte in tausend Farben, und die Gänseblümchen hatten sich gereckt, um auch groß zu sein, und der Sauerampfer war hier und dort noch rot.
Dann kam der Herbst. Morgens hingen weiße Nebelgardinen über der Wiese, und schon am frühen Abend schwebte eine dunkle Mückenwolke heran. Die Bäume wurden stiller und stiller.
Die Blume verwelkte allmählich, und das Mädchen wurde unruhig. Eines Mittags, als sie wieder mit zwei Händchen voll Wasser ankam, sah sie, dass die Blütenblätter abgefallen waren. Am Ende des Stiels saß nur noch ein Samenkorn …
»Komm-zurück«, flüsterte sie und ließ das Wasser auf die Erde tropfen. »Komm-zurück, wie krieg ich dich jemals wieder.«
Sie war sehr traurig und wollte das Samenkorn abpflücken, aber sie konnte es nicht erreichen. Sie musste mit ihren Händen die stachligen Brombeerzweige auseinanderziehen, die seit dem Frühling fest miteinander verwachsen waren. Sie versuchte es trotzdem, aber plötzlich erschrak sie und drehte sich um.
Hinter ihr stand ein alter Mann.
»Das war eine ganz besondere Blume«, sagte er. »Die gehört nicht hierher.«
»N-nein«, sagte das Mädchen. Sie hatte Angst.
»Wolltest du das Samenkorn?«, fragte er.
Sie nickte.
»Ich komme ran«, sagte er.
Sie sah ihn an, und er lachte. Da fragte sie: »Habt Ihr die Hecke fertiggeflochten?«
»Das hab ich«, sagte er.
»Wer seid Ihr dann?«, fragte sie.
Er antwortete: »Ich bin ein alter Mann, der viel weiß.«
Und er langte über die Brombeerhecke, pflückte das Samenkorn und gab es dem Mädchen. »Heb es gut auf«, sagte er. »Aber es

gehört nicht hierher. Du musst es an einem anderen Ort aussäen.«
»Aber wo denn?«, fragte das Mädchen. »Sagt doch, wo?«
Der alte Mann schüttelte den Kopf. »Ich weiß es nicht«, sagte er, »aber vielleicht findest du den Ort.«
»Und dann?«, fragte das Mädchen.
»Dann ..., dann kommt er vielleicht zurück«, antwortete der Mann. »Vielleicht ...« Er murmelte etwas Unverständliches.
Das Mädchen hielt das Samenkorn an ihr Ohr, als hörte sie etwas. Eine Träne schimmerte in ihren Augen, und der alte Mann sah es. »Heb es gut auf, den ganzen Winter über, und such im Frühling. Such den Ort – aber vielleicht wirst du es gar nicht wissen, wenn du ihn gefunden hast.«
Das Mädchen sah ihn verständnislos an, aber er küsste sie auf die Stirn und verschwand. Einen Augenblick lang glaubte das Mädchen sich an den alten Mann zu erinnern, doch während sie über die Wiese starrte, über die die Dämmerung hereinbrach, wurde sie plötzlich gewahr, dass alle sieben weißen Geißen verschwunden waren. Das kann mir jetzt einerlei sein, dachte sie. Dann ging sie die Geißen doch suchen, »Geißlein, Geißlein, Geißlein!«, den Bach entlang, unter der Buche und zwischen den Büschen. Sie fand keine einzige. Es ist mir einerlei, dachte sie und ging zum Bauern zurück. Der würde sie wohl gar totschlagen. Die sieben weißen Geißen jedoch waren nach Hause gelaufen und standen schon im Stall.
»Das hast du ihnen fein beigebracht«, sagte der Bauer, »jetzt darfst du den Winter über hierbleiben. Du kriegst jeden Tag ein Stück Roggenbrot und einen Teller Suppe und sonntags Weißbrot.«
Und das Mädchen blieb den langen weißen Winter über bei dem Bauern und wartete auf den Frühling. Dann wollte sie sich aufmachen, um den Ort für das Samenkorn zu finden, das sie auf dem Herzen trug.

Jarrik hielt in seiner Erzählung inne. Es blieb ganz still; dann sagte Jojo mit einem Seufzer: »Welche Tiefe, oh, welche Tiefe und welcher Kummer steckt in Eurer Geschichte, Herr Jarrik. Wollt Ihr sie nicht zu Ende erzählen?« Jarrik lachte. »Dann würde ich hier ein ganzes Jahr sitzen, Frau Jojo«, sagte er.
»Es ist so einsam«, sagte Jojo, »es ist so ungewiss, wenn man nicht weiß, wie es weitergeht. Aber das bin ich ja gewohnt.« Sie seufzte wieder. »Sie geht traurig aus, Eure Geschichte?«, fragte sie. »Ich ahne es.«
Jarrik schüttelte den Kopf. »Ja«, sagte er. »Nein«, sagte er, »es hängt davon ab, wie sie erzählt wird.«
»Ach ja, mein eigenes Leben«, sagte Jojo, »das geht auch traurig aus, oder auch nicht. Aber wer wird das jemals erzählen?«
Jarrik stand auf. »Ich muss gehen«, sagte er. »Sagt mir jetzt, wo ich sie finden kann.«
»Noch ein Lied zum Abschied«, flehte Jojo.
»Nein«, sagte Jarrik. Er schob die Laute auf die Hüfte. »In welche Richtung muss ich gehen?« Die alte Frau erhob sich aus ihrem Stuhl und humpelte dem Spielmann voraus. Sie öffnete die Tür, lugte vorsichtig nach draußen und zeigte ihm dann den Weg. »Sei vorsichtig«, warnte sie ihn, »mach keine Musik und sing keine Lieder, wenn die Silbernen es hören ...«
»Vor Silbernen hab ich noch nie Angst gehabt«, rief Jarrik.
Jojo sah ihn erschrocken und verständnislos an. Sie ergriff seinen Arm. »Spielmann«, flüsterte sie, »komm zu mir zurück, wenn du sie gefunden hast. Du hast mein Haus mit Musik erfüllt, wie früher; ich werde einsam zurückbleiben. Aber lass mir wenigstens die Hoffnung auf deine Rückkehr.«
Jarrik lächelte. »Ich verspreche es«, sagte er.
Dann drehte er sich um und lief die Straße entlang, die ihm Jojo gezeigt hatte, zu dem Haus des alten blinden Zauberers Aljassus.

Die närrische Eipse

Zwergliebchen irrte auf gut Glück immer weiter durch die Stadt. Sie suchte den alten Turm mit der Glocke Banaung.
Schließlich stand sie auf einem großen Platz. Hier wurden früher die Feste gefeiert. Wirtshäuser, Theater, Versammlungshäuser, alle bröcklig und schief, still und leer. Da und dort baumelten Aushängeschilder mit verwitterten Buchstaben über den Türen. Zwei Worte konnte man noch lesen. Sie waren auf eine Mauer gemalt, hoch oben, und sie sahen noch wie neu aus. PUPILLE stand auf der einen Mauer und SCHIEF auf der anderen. Aber Zwergliebchen war nicht danach zumute, sich Gedanken darüber zu machen, was das bedeuten konnte, und so lief sie weiter, klick-homp, klick-homp, in ihrem silbernen Schuh.
Eine Brücke führte über einen Kanal, aber in dem Kanal war kein Wasser. Das Bett war ganz versteinert, denn der Lehm war mit der Zeit hart geworden und auseinandergeborsten.
Zwergliebchen lief über die Brücke, aber kaum war sie auf der anderen Seite des Kanals, als eine Tür aufflog und eine Frau herausstürzte.
»Hilf mir doch, oh, hilf mir doch, man hat mich betrogen!«, rief sie und rannte geradewegs auf Zwergliebchen zu. Sie hatte Pantoffeln an, trug einen verblichenen Morgenrock, der mit einer Hundeleine zugeschnürt war, und ihr Kopf war über und über mit Lockennadeln bedeckt, sodass sie wie ein Stacheltier aussah.
»Betrogen, sag ich dir«, rief sie und packte Zwergliebchen am Arm. »Oder weißt du vielleicht was davon?«
»Wovon denn?«, fragte Zwergliebchen.
»Vom Schneider natürlich! Schon den ganzen Morgen warte ich

auf mein Kleid. Mein schimmerndes Kleid. Und der Kerl kommt nicht. Er lässt mich einfach im Stich.«

»Von einem Schneider weiß ich nichts«, sagte Zwergliebchen.

»Was?« Die Frau sah Zwergliebchen sprachlos an. »Du weißt nichts davon? Und heute Abend ist das Fest. Ich muss hin, in meinem Kleid. Die Allerschönste werd ich sein. Alle jungen Männer werden sich vor mir verbeugen und mich zum Tanz bitten. Wo bleibt bloß der Schneider, such ihn, such ihn für mich.«

»Ich hab keine Zeit«, sagte Zwergliebchen. »Ich muss zu …«

»Keine Zeit! Ich hab keine Zeit!«, rief die Frau mit den Lockennadeln. »Aber ich seh schon«, sagte sie. »Du bist neu hier! Der Schmierfink hat dich geküsst, was? Du kennst diese Stadt noch nicht, wie? Du weißt nichts von den Festen, he? Und auch nichts vom Schneider! Was hab ich dann eigentlich an dir? Geh doch, geh.«

»Aber es gibt keine Feste mehr!«, sagte Zwergliebchen.

»Haha!«, lachte die Frau. »Haben sie dir das weisgemacht, du Gänschen? Erzähl deine Weisheiten jemand anderem. Oder nein, warte, du kannst mir helfen!«

Sie zog Zwergliebchen ins Haus. Es roch muffig, als wäre seit Jahren nicht mehr gelüftet worden. In der Stube stand nur ein einziger Tisch, beladen mit schmutzigen Tassen und Tellern, einer zerbrochenen Teekanne, Bergen von Haarnadeln, verfärbten Lappen und Tüchern, verrosteten Ketten, zerbrochenen Glasperlen, vergilbten Perlen, ausgetrockneten Salbentöpfen, verklemmten Puderdosen und leeren Parfümflaschen.

»Hilf mir«, sagte die Frau, setzte sich an den Tisch, nahm einen blinden Spiegel zur Hand und reichte Zwergliebchen eine Bürste. »Mach mir mein Haar. Erst die Lockennadeln raus und dann bürsten. Aber schön vorsichtig.«

»Ja, aber …«, fing Zwergliebchen an.

»Tu, was ich sage!«, schrie die Frau. Sie blickte drohend, und Zwergliebchen getraute sich nicht mehr zu widersprechen. Vorsichtig zog sie eine Lockennadel nach der anderen heraus, und während sie damit beschäftigt war, lehnte sich die Frau zurück und begann mit brabbelnder Stimme zu erzählen.

Die Erinnerung an ein Fest

Der Schneider kommt, ich weiß genau, dass er kommt. Ich werde sie heute Abend auf dem Fest alle ausstechen. Mit meinem Kleid. Du darfst kein Blau tragen, Eipse, sagen sie immer zu mir, aber nur, um mich zu ärgern. Blau steht mir gut. Aber wenn erst der Schneider kommt, wirst du was zu sehen kriegen. Kein Blau, o nein, kein Blau. Etwas viel Schöneres. Haha, vor Neid auf mein Parfüm, auf das die Männer fliegen, sollen die anderen platzen.
Wen werde ich mir aussuchen?
Früher konnte ich nicht wählen, nein. Eipse stand an der Mauer und wartete. In Ocker und mit weißen Knöpfen. Wie ein umgestülptes Gänseblümchen.
Aber im Laden suchte ich mir aus, was ich haben wollte. Das, sagte ich, und das, und das da auch noch, und ich probierte die Kleider an. Im Spiegel stand eine Königin. Das war nicht Eipse, das war Ihro Majestät. Aber dann zog ich sie wieder aus und ging in den nächsten Laden, wo noch schönere Kleider hingen. Kaiserin Eipse.
In alle Läden der Stadt ging ich. Jeden Tag. Und dann durfte ich nicht mehr. Um mich zu ärgern, denn ich wurde ihnen zu schön. Und ich musste wieder in Ocker gehen und mit weißen Knöpfen.
»Du bist nicht ganz gescheit«, sagten sie.
Gemeine Betrüger!

Aber ich nahm heimlich ein Fässchen Tinte mit auf das nächste Fest. Eipse ist schlau, verstehst du? Einen Klecks auf das Rote von Fie. Und einen Spritzer auf das Weiße von Gerda. Und patsch! das ganze Fässchen über Amadé.

Gleich kommt der Schneider, und dann wirst du sehen, wer in dem Kleid steckt.

Göttin Eipse.

Seit der Sache mit dem Tintenfass hatte ich keine Lust mehr, zu den Festen zu gehen. Aber heute Abend gehe ich doch. Sieh mal, alles liegt schon bereit. Creme, Wangenrot, Augenblau, Perlen für mein Haar. Wie ein Schmetterling muss ich aussehen, mit zarten Wangen. Denn das passt zu meinem Kleid.

Weißt du, wie der Schneider heißt?

Nein, das weiß niemand. Niemand kennt ihn, den Schneider von Dorrodisia.

Er macht Kleider aus Schmetterlingsflügeln, hat man mir gesagt. Er fängt die Schmetterlinge im Garten; er nimmt ihre Flügel und näht sie mit Seidenraupenfäden zusammen.

Er arbeitet ein ganzes Jahr an einem einzigen Kleid. Und das kann man nur ein Mal anziehen. Wenn man es auszieht, zerfällt es in lauter kleine Fetzen, und die wirbeln fort wie Herbstblätter.

In diesem Jahr ist das Kleid für mich. Guck doch mal, ob er vielleicht schon kommt. Er muss über die Brücke. Und mach fix mit meinem Haar.

Oh, jetzt weiß ich, wen ich mir heute Abend aussuche. Den besten Tänzer. Und mit ihm will ich schweben. Denn wenn man in einem Kleid aus Schmetterlingsflügeln tanzt, dann schwebt man ein bisschen. Und ich werde die Einzige sein, die schwebt, von Mauerblümchen zu Mauerblümchen, und ich steche sie alle miteinander aus.

Reich mir die Dose mit Gesichtscreme. Die muss unter die Augen,

reiben und reiben, aber vorsichtig, damit es keine Runzeln gibt. Spieglein, Spieglein in meiner Hand, mach Eipse zur Schönsten im ganzen Land.
Ah, ich höre was, da ist der Schneider. Öffne ihm die Tür.

Zwergliebchen war mit dem Bürsten fertig. In dünnen grauen Strähnen hing Eipses Haar herab. »Es ist niemand an der Tür«, sagte sie.
»Sieh nach!«, fuhr die Frau sie an.
Zwergliebchen lief zur Tür, öffnete sie, guckte auf die Straße, schloss die Tür wieder und kam zurück.
»Wirklich nicht«, sagte sie.
»Oh, was für ein Betrug!«, jammerte Eipse. »Jeder betrügt mich. Aber er wird kommen, ich weiß es. Mich halten sie nicht zum Narren.«
Sie rührte mit den Fingern in den ausgetrockneten Salbendosen und fuhr sich über ihr altes Runzelgesicht, als verreibe sie Creme, und sie starrte in die blinden Spiegel, die keinen Schimmer wiedergaben.
Da sagte Zwergliebchen: »Wisst Ihr, wo die Gärten liegen?«
»Pha!«, rief die Frau. »Denkst du vielleicht, Eipse wüsste nicht, was jeder weiß?« Und sie zog vor dem Spiegel eine Grimasse, um die Nase zu pudern.
»Aber ich suche die Gärten«, sagte Zwergliebchen, »und kann sie nicht finden.«
»Die Betrüger, sie führen dich in die Irre«, sagte Eipse, und ihre Stimme klang verzerrt, weil sie sich gerade die Lippen schminkte.
»Wo muss ich denn suchen?«, fragte Zwergliebchen.
»Übers Wasser musst du«, antwortete Eipse. »Über die Siebenbogenbrücke.« Und sie bemalte ihre Augenbrauen mit einem ausgetrockneten Pinsel.

»Es gibt aber nirgends Wasser«, sagte Zwergliebchen. »Alles ist ausgetrocknet.«
»Die Betrüger!«, rief Eipse.
»Der Kanal hier ist doch auch ausgetrocknet«, sagte Zwergliebchen.
»Still! Ich hör was!« Eipse ergriff Zwergliebchens Arm. »Das wird er sein. Endlich.«
Die Frau eilte ans Fenster. Näherten sich auf der Brücke wirklich Schritte?
Auch Zwergliebchen lief zum Fenster und sah hinaus. Über die Brücke kam ein Mann, eine schemenhafte Gestalt im grauen Licht, sodass es aussah, als sei er ganz in Silber gekleidet. Seine Schritte klangen Unheil verkündend.
Zwergliebchen wich ein Stück zurück, als wollte sie nicht gesehen werden, aber sie spähte immer noch hinaus.
Hatte der Mann etwas Schwarzes auf der Brust? Einen schwarzen Abdruck wie von einem Stiefel? Zwergliebchen hielt den Atem an und presste die Hand an den Hals, als wollte sie etwas beschützen.
Es schien, als bliebe der Mann vor dem Haus stehen, doch dann hörten sie ihn weitergehen.
»Das war … nicht der Schneider«, flüsterte Zwergliebchen. »Aber wer war das wohl?«
Eipse sah sie an wie ein ängstlicher Hund, der sich am liebsten verkriechen möchte. »Diese niederträchtige Bande«, flüsterte sie zitternd, »das tun sie nur, um mir Angst einzujagen.«
Plötzlich fing sie wie ein Kind an zu weinen. »Das machen sie absichtlich. Alle miteinander. Damit ich nicht auf das Fest komme. Sie quälen mich, die ganze Stadt quält mich!« Heiße, klebrige Tränen liefen über ihre Wangen. Sie ließ den Kopf hängen, und bei jedem neuen Tränenstrom schluchzte sie leise. Sie war gar nicht mehr verdreht.

Zwergliebchen vergaß ihre Angst. »Soll ich …, soll ich ein bisschen Tee für Euch machen?«, fragte sie.
Aber es war kein Wasser da und kein Tee. Nur ein zerbrochener Topf.
»Hier«, sagte sie, »hier hab ich noch was. Ein Stückchen Käse, vom Torwächter Jiri. Bitte.«
»Ach«, schluchzte Eipse, »geh nur. Lass mich allein. Es ist alles nicht wahr, ich weiß es am besten. Ich bin eben närrisch.«
»Nein«, sagte Zwergliebchen. »Den Schneider gibt es ganz bestimmt. Ich werd ihn für Euch suchen, wenn ich …, wenn ich die Gärten gefunden hab.«
»Ach«, sagte Eipse, »das ist nicht mehr nötig. Ich bin alt. Alt vom Warten.« Sie stand auf. »Geh nur«, sagte sie. »Ich zeig dir den Weg. Aber wohin?«
»Zum alten Turm«, sagte Zwergliebchen.
Eipse sah sie an, aber sie sagte nichts. »Sei vorsichtig!«, warnte sie. »Wenn du ihn siehst, dann versteck dich. Denn er versteinert dich.«
An der Tür wies sie Zwergliebchen den Weg zur Mitte der Stadt. »Leb wohl«, sagte sie, »ich bleib hier. Morgen …, morgen geh ich auf das Fest.« Zwergliebchen blickte sich noch einmal um. Eipse stand in der Tür. Haarsträhnen hingen ihr ins Gesicht, unter den Augen hatte sie tiefe Falten, und die Wangen waren mit Schminke verschmiert. So stand sie da, in ihrem verblichenen Morgenrock, aber in ihren Augen glänzte schon wieder das Verlangen nach dem Festkleid aus Schmetterlingsflügeln.

Der wilde Tanz

Am nächsten Morgen saß Eipse wieder am Fenster und sah über die Brücke. Sind die Tage in Dorr immer gleich? Haben sie kein Datum? Ist in Dorr niemals Mittwoch oder Freitag? Steht die Zeit still? Doch läutet die Glocke Banaung nicht an jedem einundzwanzigsten März und dreiundzwanzigsten September? Aber vielleicht hängt die Zeit nur über der Stadt, und die Turmspitze ragt hinein, während es unten nicht weitergeht.

Erinnert sich Eipse noch an gestern? Oder hat sie es vergessen? Sie starrte aus dem Fenster, und da kam wirklich ein Mann über die Brücke.

Der Schneider! Er trug ein Bündel über dem Arm, da musste das Kleid drin sein.

Eipse flog zur Tür, riss sie auf und rannte die Straße entlang. »Endlich, endlich!«, rief sie. »Komm gleich rein. Ich bin vom Warten schon alt geworden, aber nun wird alles gut. Heute Abend wird alles gut.«

»Meine Füße sind vom Laufen ganz müde«, sagte der Mann.

»Habt Ihr so lange gesucht?«, fragte Eipse.

»Ja«, sagte der Mann. »Aber nicht nach Euch.«

Eipse zog ihn mit. »Doch«, sagte sie begierig. »Nach mir. Lasst sehen. Zeigt es mir jetzt. Und du musst mir beim Anziehen helfen.«

»Was ist denn mit Euch los?«, fragte der Mann. »Ich suche Aljassus.«

»Ah, den alten Zauberer! Ich dachte mir schon, dass er was damit zu tun hat. Komm erst rein und lass sehen.« Sie zerrte an dem Bündel.

»Lass los!«, rief der Mann.

»Aber das ist für mich!«, zischte die Frau. »Her damit, ich will es anziehen.«

»Meine Jacke?«
»Ha! Was du eingewickelt hast natürlich. Für das Fest!«
»Willst du spielen?«, fragte der Mann erstaunt.
»Tanzen will ich. Tanzen, bis es schwingt.« Eipses Augen leuchteten.
Der Mann sagte: »Erst erzähl mir, wo Aljassus wohnt.«
»Ja, ja! Sofort!«, rief Eipse. Sie hatte den Mann ins Haus gezogen und schloss die Tür. »Gib her.«
Der Mann zuckte mit den Achseln und nahm die Jacke von seinem Arm. Eipse wich zurück. Mit offenem Mund starrte sie auf das Ding, das der Mann da in den Händen hielt. Sie stieß einen Schrei aus.
»Betrüger! Du gemeiner Betrüger. Du bist ja gar nicht der Schneider.«
»Schneider? Nein, natürlich nicht. Das hab ich auch gar nicht behauptet«, sagte der Mann. »Ich bin Jarrik, der Spielmann, und das ist meine Laute.«
»Bloß um mich zu quälen«, weinte Eipse los. »Die ganze Stadt tut es, um mich zu quälen. Sie haben dich geschickt, um mich zum Narren zu halten.«
»Du bist dümmer als Stroh«, sagte Jarrik.
»Das sagen die anderen auch immer«, schluchzte Eipse.
Jarrik ergriff seine Laute.

Das sagen auch die andern immer,
das sagen auch die anderen immer.
Sie werden selber immer dümmer,
immer dümmer, immer dümmer,
immer, immer dümmer, dümmer!

Das sang er.

Eipse hörte auf zu weinen. »Du willst mich bloß verspotten«, sagte sie.

Hör nicht drauf, hör nicht drauf,
setz dein rotes Hütchen auf,
lass dein blaues Mäntlein wehn,
komm, wir wolln ans Meer heut gehn.
Hundert Schritte laufen,
hundert Schritte fliegen,
die Wellen werden dich wiegen.

Eipse machte ein paar Schritte durch die Stube. »Musik«, sagte sie, »Musik und ein Fest.«

In Saus und Braus,
in Saus und Braus
mit der Jungfer Nolte,
die Zwetschgen kaufen wollte.

Was kriegte sie,
was kriegte sie?
Bloß 'ne Kalebasse.
So knapp war sie bei Kasse.

»Sag mir jetzt, wo Aljassus wohnt«, sagte Jarrik.
Aber Eipse war wie von Sinnen. Sie sprang und tanzte durch die Stube. »Heute ist ein Fest«, rief sie. »Sieh her, ich hab mein Festkleid an.« Sie tollte herum, dass sich ihr schmutziger, verblichener Morgenrock bauschte. »Sieh doch, die Schmetterlingsflügel! Was für ein Glanz!«
Aber der Glanz war nur in ihren Augen.

»Dich nehm ich, mein Spielmann, dich!«, rief sie. »Du sollst mein Tänzer sein!« Und sie sprang auf ihn zu und begann mit ihm durch die Stube zu wirbeln wie eine rasende Hexe. »Sieh nur, wie eifersüchtig sie alle sind«, flüsterte sie beim Tanzen. »Ich steche sie alle aus, alle miteinander!« Ihre glänzenden Augen irrten über die rissigen Wände, über den wackligen Stuhl und den abgeblätterten Schrank.

»Komm, trinken wir was!« Sie setzte sich an den Tisch und wühlte zwischen dem schmutzigen Geschirr. Sie reichte Jarrik eine Tasse und stieß mit ihm an. »Prost!« Aber die Tasse zerbrach in Scherben. »Mein Kleid!«, rief sie. »Mein Kleid, es ist noch ganz. Steht es mir nicht prächtig? Erzähl mir von den Schmetterlingen. Von den tausend Schmetterlingen, aus denen mein Kleid gemacht ist. Erzähl mir, wie ihre bunten Flügel im Sonnenlicht schimmerten.«

»Erzähl mir, wo Aljassus wohnt«, sagte Jarrik.

»Aljassus ist ein alter Narr. Ich will von den Schmetterlingen hören, dann kannst du meinetwegen zu ihm gehen.«

»Schmetterlinge«, sagte Jarrik. Er schloss die Augen.

»Tausende von Schmetterlingen, die immerzu um die gleiche Stelle gaukeln, diesen einen Sommer lang.« Er schien etwas zu sehen, setzte sich langsam auf den Fußboden, legte seine Laute beiseite und begann zu erzählen. Es war, als könne er die Worte nicht aufhalten, und die närrische Eipse lauschte mit offenem Mund.

Die Geschichte von den Schmetterlingen: Der dritte Sommer

Hoch in den Bergen stehen nur noch Kiefern, dunkelgrün, und dazwischen breiten sich hellgrüne Wiesen aus, Farben wie aus einem Malkasten.

Dort gibt es Stellen, die liegen so hoch, dass kein Mensch und kein Tier hinkommt. Aber Blumen wachsen, und Bergbäche fließen dort, eiskaltes Wasser. An einem solchen Bach stand Löwenzahn, der in einer anderen Sprache »Pferdeblume« heißt, und über einen Stein hingen Vergissmeinnicht; es wuchsen auch Gänseblümchen und eine Menge Blumen, deren Namen ich nicht kenne und die deshalb noch schöner sind.

Aber zwischen all den Blumen stand eine Pflanze, die die Blumen selber nicht kannten. Sie wuchs und wuchs und wurde größer als alle anderen; sie war seltsam und gehörte nicht dorthin.

Und es waren noch mehr, die dort nicht hingehörten: ein Mädchen von vielleicht zwölf Jahren mit zwei Geißen. Das Mädchen wohnte in einem vergessenen Hüttchen, und die Geißen waren angebunden. Einmal in der Woche ging das Mädchen ins Tal, um Brot zu holen, und zu dem Brot trank sie die Milch von den Geißen. Jeden Tag saß sie bei der fremdartigen Pflanze und sang Lieder – manchmal fröhliche, manchmal traurige.

Warst geschwind
wie der Wind,
musst jetzt stillstehn Tag und Nacht,
laufen kannst du nimmer.
Warten muss ich immer,
dass ich auf dich acht'.
Komm zurück, komm zurück,
komm zu mir zurück.

An der Pflanze wuchs eine Knospe, und eines Tages brach eine Blume aus der Knospe. Das Mädchen hüpfte um die Blume herum und war fröhlicher als an allen anderen Tagen vorher. Dann flatterten auch einzelne Schmetterlinge auf die Wiese, grellfarbige

Schmetterlinge. Sie setzten sich auf den Löwenzahn und auf die Vergissmeinnicht und auf die Gänseblümchen, aber keiner setzte sich auf die seltsame fremde Blume. Als wäre es keine richtige Blume.

Hier bist du sicher vor Mensch und Tier.
Es gibt hier niemand weit und breit,
die Geißen tun dir nichts zuleid.
Ich bin bei dir, du bist bei mir,

sang das Mädchen, als sie durch das Gras tanzte, aber plötzlich hörte sie ein paar Steine rollen. Am Rande der Wiese erschien eine Hand, und noch eine, dann ein Kopf und schließlich ein Mann, der keuchend heraufkletterte. Das war ein Mann, der Bergpflanzen und Bergblumen suchte, um sie zu pressen und aufzuheben, und die fremde seltsame Blume gefiel ihm am meisten.
»He«, murmelte er.
»Lass die Blume in Ruh!«, rief das Mädchen.
»Gehört sie etwa dir?«, fragte der Mann.
»Ja«, rief das Mädchen.
»Wie heißt sie?«, fragte der Mann. »Ich kenne sie nicht«
»Ich kenne sie«, rief das Mädchen. Sie schlang ihre Arme schützend um die Blume.
»Wilde Blumen gehören niemandem«, sagte der Mann. Er holte sein Taschenmesser heraus.
Das Mädchen wollte gerade einen gellenden Schrei ausstoßen, da fiel plötzlich ein leiser Regen nieder. Keine Wassertropfen, sondern Schmetterlinge. Tausende und Abertausende. Sie kamen von allen Seiten und setzten sich auf den Mann. Auf Arme und Beine und Bauch und Brust und Rücken. Auf Haare und Wangen und Ohren. Und auf die Augen. Er sah die Blume nicht mehr, und als er

die Schmetterlinge fortjagte, flogen immer neue herbei. Er war ein Schmetterlingsflügelmann geworden, farbenprächtig. Wie ein Kaiser oder ein Märchenprinz sah er aus, aber er führte sich auf wie ein Rasender, er sprang, tanzte und schrie. Doch die Schmetterlinge blieben sitzen und hüllten ihn ein, und als der Mann schließlich schreiend fortlief, sah er wie ein Drache aus, der im Feuerglanz den Berg hinunterfliegt.
Der Mann kam nie mehr zurück; die Schmetterlinge auch nicht.
Die Blume verblühte, und es blieb ein Samenkorn übrig, das das Mädchen abpflückte und mitnahm. Und als sie mit ihren Geißen von der Wiese fortging, ins Tal, da sang sie:

Ich war bei dir, du warst behütet,
du warst bei mir, ich war betrübt:
Wer zeigt mir wohl das Fleckchen Erde,
wo Wurzeln wieder Füße werden?

»Das ist nicht wahr!«, rief Eipse, als Jarrik in seiner Erzählung innehielt. »Das gibt es nicht – eine Jacke und eine Hose aus lebenden Schmetterlingen.«
»Es hat sich wirklich so zugetragen«, sagte Jarrik.
Eipse sprang von ihrem Stuhl auf. »Dann muss ich es auch haben. Ein Kleid aus lebenden Schmetterlingen, die den ganzen Abend um mich herumflattern, und einen Kranz aus lebenden Schmetterlingen auf meinem Kopf. Sag mir sofort, wo die Wiese liegt, ich geh hin.«
»Sag mir, wo Aljassus wohnt«, rief Jarrik.
»Erst die Wiese!«, schrie Eipse. Sie stampfte mit den Füßen auf wie ein trotziges Kind.
Jarrik schüttelte den Kopf. »Die sind nicht mehr auf der Wiese«, sagte er. »Aber vielleicht kommen sie her. Nicht jetzt. Aber ich

verspreche Euch, dass ich nach ihnen suchen werde, sobald ich sie gefunden habe.«
»Sie?«, fragte Eipse.
»Ja«, antwortete Jarrik. »Ein Mädchen, das ich suche.«
»Ein Mädchen«, murmelte Eipse. Sie blickte versonnen. »Ich erinnere mich an ein Mädchen. Hier in meiner Stube. Sie hat mir mein Haar gemacht. Das ist schon lange, lange her. Sie bürstete und kämmte mein Haar, und ich war jung und schön …«
Jarrik sah die alte Frau an. »Sagt mir doch jetzt endlich, wo Aljassus wohnt«, drängte er. »Denn bei Aljassus ist ja das Mädchen, das ich suche.«
»Sie war sehr freundlich zu mir«, brabbelte Eipse vor sich hin. »Sehr freundlich …«
Jarrik stand auf und schüttelte sie. »Der Zauberer!«, rief er. »Der alte Zauberer. Wenn Ihr mir jetzt nicht sofort sagt, wo er wohnt, hol ich einen silbernen Mann.«
»Nein!«, kreischte Eipse. »Nein!« Sie zitterte und fiel auf die Knie. »Hier über die Brücke, die Straße entlang, links abbiegen, und nach zwei, drei Häuschen eine niedrige Tür. Keinen silbernen Mann!«
»Endlich!«, sagte Jarrik.
»Nicht! Keinen Silbernen holen!«
»Nein«, sagte Jarrik, »ich tu's nicht.«
Eipse stand auf und humpelte hinter ihm her zur Tür.
»Krieg ich dann meine Schmetterlinge?«, fragte sie weinerlich.
»Wenn du niemanden damit ausstichst«, antwortete Jarrik und stapfte die Straße hinunter, die ihm die närrische Eipse gezeigt hatte.
Aber war es die richtige?

Die Schatten

Die Straßen, die Zwergliebchen entlanglief, wurden immer schmaler, als wäre die Stadt hier kleiner. Die Häuser sahen baufälliger aus und noch höher.

Sie überquerte Plätze, und sie erblickte Tore und Türen, die halb offen standen, doch nie schien jemand hineinzugehen oder herauszukommen.

Lief sie richtig oder verkehrt? Nirgends war ein Platz groß genug, um ihr den Blick auf einen Turm freizugeben.

Wenn es doch nur Menschen in dieser toten Stadt gäbe, dachte sie, dann könnte ich wenigstens nach dem Weg fragen.

Sie irrte – klick-homp, klick-homp – auf ihrem silbernen Schuh weiter. Ab und zu blieb sie stehen und lauschte, aber nichts war zu hören.

Ob ich einfach irgendwo anklopfe?, dachte Zwergliebchen. Sie hatte keinen Mut und ging weiter.

Plötzlich hörte sie ein leises Geräusch. Schluchzen. Zwergliebchen schlich sich näher. Es kam aus einer schmalen Gasse. Vorsichtig lugte sie um die Ecke – das musste ein kleiner Junge sein. Nur seine Beine waren zu sehen, auf der untersten Stufe eines dunklen Torbogens, und noch die Ellbogen, die hatte er auf die Knie gestützt. Sonst war der Junge nur zu hören. Er schluchzte. Zwergliebchen ging auf ihn zu.

»He«, rief sie, »was ist denn mit dir los?«

»Ich hab Angst«, flüsterte der Junge zwischen zwei Schluchzern.

»Ich hab auch ein bisschen Angst«, sagte Zwergliebchen. »Aber weinen hilft da nicht.« Sie nahm ihr Taschentuch. »Hier, trockne die Tränen.«

»Auch wenn ich nicht weine, hab ich Angst«, sagte der Kleine, während er seine Tränen trocknete. »Hier ist niemand.«

»Aber ich bin doch da«, sagte Zwergliebchen.

»Kann ich bei dir bleiben?«, fragte der Junge.

»Das geht nicht«, sagte Zwergliebchen. Sie setzte sich neben ihn auf die dunkle Treppe. »Ich muss wieder weiter.«

»Wo denn hin?«, fragte der kleine Junge.

»Zu dem alten Turm mit der Glocke Banaung«, sagte Zwergliebchen. Der Kleine sagte nichts. Er zitterte.

»Weißt du, wo der Turm ist?«, fragte Zwergliebchen.

»Du kannst ihn hier hören«, sagte der Junge.

»So nahe?«, fragte Zwergliebchen.

Der Junge nickte.

»Wohnst du ganz allein?«, fragte Zwergliebchen.

Wieder nickte der Junge.

»Hast du keinen Vater und keine Mutter?«

Der Junge schwieg. »Weiß ich nicht«, sagte er dann.

»Aber wo kommst du dann her?«

»Von früher«, antwortete das Kind.

Zwergliebchen legte ihren Arm um ihn. »Erzähl mal«, sagte sie, »gibt es niemanden, der für dich sorgt? Wie bist du hergekommen? Und was machst du so allein?«

»Ich hab Angst«, sagte der Kleine. »Immer Angst. Früher war ich im Land Immerangst, da wohnten nur große Menschen. Aber hier ist niemand, hier sind nur Schatten. Sie kommen aus den Mauern. Sie knistern und machen mir Angst.« Er bebte wieder und schmiegte sich bei Zwergliebchen an. »Bleibst du nicht bei mir?«, fragte er.

»Eine kleine Weile«, sagte Zwergliebchen. »Bis die Glocke Banaung zu läuten anfängt. Dann muss ich weg.«

»Nein, nein!« Der Junge hielt sich an Zwergliebchen fest. »Dann darfst du nicht weggehen. Dann nicht.«

»Hast du Angst davor?«, fragte Zwergliebchen.
Der Kleine antwortete nicht, sondern hielt sich nur noch stärker fest. Sie spürte, wie er zitterte.
»Erzähl mir was von früher«, sagte sie. »Wie heißt du eigentlich?«
»Früher? Früher wohnte ich in einem Haus«, sagte der Junge. Und er begann zu erzählen.

Die Geschichte aus dem Lande Immerangst

Mücke, so hieß ich. Und ich schlief in der Dachkammer. Die großen Menschen brachten mich zu Bett. Und dann gingen sie weg, die Treppe hinunter. Wenn sie weg waren, kamen die Schatten. Unter dem Bett das Krokodil, hinter dem Schrank der Krake, im Schrank der böse Mann. Die große Fledermaus an der Decke, so groß wie die Kammer.
Und der Krake kroch aus der Ecke, und der böse Mann stieß die Schranktür auf. Er stand mitten in der Kammer, aber sehen konnte man ihn nicht, denn er stand im Dunkeln.
Wenn ich das Licht anknipste, erschien schnell eine andere Kammer. Mit einem geschlossenen Kleiderschrank und einer weißen Decke.
Dann kamen die Erwachsenen von unten. »Warum machst du Licht an?«, fragten sie.
»Ich hab solche Angst.«
Sie öffneten den Schrank und guckten unters Bett. »Siehst du? Da ist nichts.« Das Licht musste ausgemacht werden, und die großen Menschen gingen fort, die Treppe hinunter.
Gleich war wieder die andere Kammer da. Und der böse Mann war noch böser. Ich wagte mich nicht aus meinem Bett, denn das Krokodil hätte mich in die Beine gebissen, der Krake hätte mich gekniffen,

und der böse Mann hätte mich gepackt. Aber mit einem Sprung kam ich doch aus dem Bett und rannte zur Treppe, die große Fledermaus im Rücken. An der Treppe war es etwas heller, das Licht schien von unten. Hierher wagten sich die Schatten nicht. Da blieb ich stehen, auf der obersten Stufe, und ich hörte die großen Menschen unten. Aber ich durfte nicht zu ihnen. Und hinter mir waren die Schatten.
Tagsüber musste ich zur Schule. Da gab es nur große Jungen, die mich schubsten. Und ich musste schreiben, lauter f. Ich hatte Angst vor den f, sie mussten dick und dünn sein, erst im Bogen nach oben und dann wieder ganz weit nach unten. Im Schreibheft war nur ein f vorgemacht. Von den großen Menschen. Mit einem straffen Bogen und einem schnurgeraden Strich.

Und ich musste rechnen, aber ich hatte Angst vor den Zahlen. Sie mussten genau in die Kästchen passen, und die Drei sah aus wie das Fräulein Lehrerin. Anstelle der Augen hatte sie eine Brille, und wenn ich sieben plus drei rechnen musste, bekam ich Angst und sagte elf. Denn ich dachte: Zwischen der Sieben und der Elf sind doch drei Stellen frei?

Und ich musste lesen: Wim hat einen Stock. Aber Wim hatte überhaupt keinen Stock. Er hatte gemeine Nägel und pikte mich damit in den Schenkel. Ich schrie Au! und musste dafür in der Ecke stehen, mit dem Rücken zur Klasse; die Klasse lachte, und mir war, als ob ich ohne Hosen in der Ecke stünde.

Eines Nachts träumte ich von zwei silbernen Männern. Sie waren groß, aber sie waren nicht aus dem Lande Immerangst. Ich durfte mit ihnen mitgehen. Wir kamen in einen Garten, der war so schön, wie ich keinen zuvor gesehen hatte. Da war ein Grashügel, ganz warm von der Sonne, mit Grillen und winzig kleinen violetten Blumen und Bäumen mit Nasenblättern und mit Rosen, die wunderbar dufteten, und nirgends waren große Menschen. Man durfte alles und brauchte nicht zur Schule. Aber als ich wach wurde, waren die silbernen Männer weg, und weg war auch der schöne Garten. Und ich saß hier. Und alle sind fort, bloß die Schatten nicht. Die kommen jeden Abend zurück. Und überall kriechen Tiere mit scharfen Krallen. Und ich kann das Licht nicht anmachen, weil es kein Licht gibt. Aber wenn du bei mir bleibst, dann hab ich keine Angst mehr.

Der Junge, der Mücke hieß, schwieg jetzt und blickte Zwergliebchen flehend an.
»Was für ein schöner Traum«, sagte sie. »Hast du die silbernen Männer noch einmal wiedergesehen?«
»Die gibt es wirklich«, sagte Mücke.
»Vielleicht«, sagte Zwergliebchen. »Und weißt du auch, wo der schöne Garten liegt?« Der Junge schüttelte den Kopf. »Ich würde gerne hingehen«, sagte er. »Ich auch«, sagte Zwergliebchen. »Ich suche ihn. Weißt du was, wenn ich den Garten gefunden hab, dann hol ich dich, und wir gehen zusammen hin.«
»Jetzt gleich«, rief Mücke. »Ich helf dir suchen.«
Zwergliebchen schüttelte den Kopf. »Du darfst nicht«, sagte sie. »Aber ich weiß was anderes. Ich bring dich jetzt zu Bett, und dann bleib ich bei dir sitzen, bis du schläfst.«
Und als es zu dämmern begann, ging sie mit Mücke ins Haus, in das kleine Kämmerchen, wo Mückes Bett stand. Er zog sich aus und kroch unter die Bettdecke, und Zwergliebchen setzte sich ans Fußende, während die Schatten langsam aus den Mauern krochen.
»Schlaf nur ruhig ein, solange ich hier sitze«, sagte sie.
Sie beugte sich über ihn und gab ihm einen Gutenachtkuss auf die Stirn. Mücke schlang seine Arme um ihren Hals. »Was hast du da?«, fragte er.
»Eine Kette«, sagte Zwergliebchen.
»Aus Gold?«, fragte der Junge.

»Aus Silber«, sagte Zwergliebchen.
»Von den silbernen Männern?«, fragte Mücke.
»Nein ...«, sagte Zwergliebchen. »Nein ...«
»Aber du hast auch silberne Schuhe. Nur einen? Bist du von den Silbernen?«
»O nein«, sagte Zwergliebchen. »Nur das Silber ist das gleiche. Aber die Schuhe gehen einen anderen Weg.«
»Oh«, sagte Mücke. »Und was ist da an deiner Kette?«
»Ein Geheimnis«, sagte Zwergliebchen.
»Erzähl's mir«, sagte der Kleine.
»Ich darf's niemandem erzählen«, sagte Zwergliebchen.
»Darf ich's mal sehen? Ist es etwas Schönes?«
»Du darfst es nicht sehen«, sagte Zwergliebchen. »Schlaf jetzt.«
»Was hast du auf der Wange? Hat dich jemand gekniffen?«
»Ja«, sagte Zwergliebchen. »Ganz gemein. Aber es tut jetzt nicht mehr weh.«
»Ich finde dich nett«, sagte der kleine Junge. Er gab Zwergliebchen einen dicken Kuss auf die Stelle. »Ist es jetzt besser?«
Zwergliebchen konnte nicht antworten. Sie strich ihm über die Stirn, und er legte sich hin. Dann fing sie leise an zu singen.

Schlaf ein, Mücke,
bist nicht allein, Mücke.
Träum dich fort
in einen Garten.
Auf mein Wort:
Musst nicht lang warten,
ich komm zurück und hol dich ab,
so ich mein' Liebsten gefunden hab.
Schlaf ein, Mücke,
bist nicht allein, Mücke.

In diesem Moment begann mit düsterem Gedröhn eine Glocke zu läuten. Zwergliebchen sprang auf. Sie legte noch einmal ihre Hand auf Mückes Stirn, damit er weiterschlief, und schlich aus der Kammer, hinaus auf die Straße. Sie rannte dem Geläut entgegen; der alte Turm konnte nicht weit sein.

Aber gerade, als sie um eine Ecke bog, hörte sie einen Schrei hinter sich. Eine Stimme, die sie kannte, rief ihren Namen. Es schallte durch die Straße und mischte sich mit dem Dröhnen der Glocke. »Zwergliebchen! Zwergliebchen, komm zurück!« Und dann blitzte es silbern, und wieder gellte der Schrei, und plötzlich wurde der Schrei erstickt.

Zwergliebchen wagte nicht, sich umzublicken. Sie rannte weiter, den silbernen Schimmer im Rücken. Und wieder bog sie um eine Ecke. Die Glocke Banaung klang jetzt heller, und da sah sie den hohen Turm schwarz gegen den grauen Nachthimmel stehen. Es war, als liefe sie gegen den Wind, aber endlich erreichte sie die Tür. Sie stieß dagegen. Die Tür ging auf. Sie tastete sich mit dem Fuß vorwärts und fand die erste Stufe der Treppe, die ins Gewölbe führte. Sie zog die Tür hinter sich zu, und dröhnend fiel sie ins Schloss; Ketten klirrten, die sich von selbst vor die Tür legten. Zwergliebchen keuchte.

Dann tastete sie sich in der tintenschwarzen Dunkelheit Schritt um Schritt die Treppe hinunter, während über ihr die letzten Töne der Glocke Banaung erstarben.

Über die verlorene Stadt Dorr war die Tagundnachtgleiche des einundzwanzigsten März eingeläutet.

Und in der schmalen Gasse, in der der ängstliche Junge Mücke wohnte, stand ein Mann. Er stand auf einem Bein, mitten im Lauf war er erstarrt, und sein Mund war noch im Schrei geöffnet.

Oder war es ein Lied? Denn in den Händen hielt der Mann eine Laute. Eine Laute mit sieben Saiten.

Der alte Turm

Am Fuße der Steintreppe begann ein langer Gang, der von einer blakenden Kerze erhellt wurde. Zwergliebchen lief den Gang entlang und kam an eine Holztür. Sie klopfte, und da niemand antwortete, machte sie die Tür langsam auf.

Sie erblickte einen großen Raum, in der Mitte stand ein großer Tisch voller Papier und Bücher, und über dem Tisch hing eine Lampe. Hinter dem Tisch stand ein Stuhl mit einer hohen Lehne, und in dem Stuhl saß jemand vornübergebeugt und las.

Wer war dieser Jemand?

Er trug eine Brille, er war kahl, er schien keine Ohren zu haben, er hatte hervorquellende Augen und einen dicken Hals.

Zwergliebchen schloss die Tür hinter sich, und der Alte blickte auf. »Ei, ei«, sagte er, »wen haben wir denn da? Komm her, meine Schöne.«

Zwergliebchen trat näher. »Ich bin Zwergliebchen«, sagte sie. »Der Zauberer Aljassus hat mich zu Euch geschickt.«

»Fürwahr!«, sagte der Alte. Er rückte mit seinem Stuhl etwas beiseite, lehnte sich zurück und glotzte Zwergliebchen an. »Schön, schön, was für ein nettes, junges, frisches, grünes Blättchen«, sagte er. »Ein Balsam für meine Einsamkeit. Und mit einem Schuh? Sieh da, aus Silber!«

»Ich suche die Gärten von Dorr«, sagte Zwergliebchen hastig. »Und Aljassus meinte, Ihr könntet mir helfen.«

Der Alte nahm seine Brille ab und lachte sonderbar. »Tse-tse-tse! Was für eine reizende Unschuld!« Seine Augen sahen aus wie Glasmurmeln, ein bisschen gelblich, und Zwergliebchen hatte Angst, sie könnten ihm über die Wangen herunterrollen.

»Na, dann komm mal mit«, sagte der Alte. Er stand auf, nahm Zwergliebchen bei der Hand und führte sie mit watschelnden Schritten zu einer Sitzbank in der Ecke.
Sie musste sich dicht neben ihn setzen, und er hielt ihre Hand. Seine Hand war warm und feuchtkalt zugleich.
»So nett, und so 'ne Frage«, flüsterte er, und dabei wandte er sich ihr zu, sodass ihr sein Atem ins Gesicht schlug. »Was sucht denn mein junges Blättchen mit einem silbernen Schuh in den Gärten, die niemand sehen darf? Hm? Sag mal.«
Zwergliebchen musste ihn ansehen. Und plötzlich wusste sie, wer der alte Mann war: eine Kröte.
»Mein bebendes Blättchen! Hab keine Angst vor dem armen alten Glop. Glop ist hier sehr einsam. Ein einsamer Alter in einem Keller voller Bücher. Und nie Besuch. Komm, ich will dir einen Kuss geben.«
Zwergliebchen wehrte ihn ab.
»Ei, ei, das will sie nicht! Aber sie ist schon geküsst worden, das steht auf deinem Wänglein. Glop hat gute Augen, auch ohne Brille!«
»Sagt Ihr mir dann auch, wo ich die Gärten finden kann?«, fragte Zwergliebchen.
»Tse-tse-tse!« Das sonderbare Gegluckse des Alten blähte seinen Wabbelbauch. »Die Gärten! Woher weißt du, dass es die Gärten gibt? Wer hat dir davon erzählt?«
»Ach, viele«, antwortete Zwergliebchen.
»Tja, tja«, brabbelte Glop. »Das glaub ich nicht. Mein zitterndes Blättchen verheimlicht mir was, he, erzähl schon!« Bei diesen Worten kniff er Zwergliebchen in die Hand. »Erzähl mal, was du für Geheimnisse hast!«
»Ach, na ja«, sagte Zwergliebchen, »mir hat mal jemand erzählt, dass in den Gärten von Dorr die schönsten Blumen der Welt zu finden sind.«

»Aaah!«, rief Glop. »Und dann bist du so mir nichts, dir nichts, in diese verwunschene Stadt gekommen, als ob nichts dabei wäre, und kommst zu mir, als wäre ich deine liebe Großmutter, und das alles bloß, um Blumen zu pflücken?«

Zwergliebchen schwieg. Dann fragte sie zaghaft: »Was ist mit dieser Stadt? Was ist geschehen? Wer war Odisia? Und was hat sie getan, dass alles so grau ist und die Gärten verschwunden sind? Erzählt's mir, dann erzähl ich Euch auch mein Geheimnis.«

»Ei, ei«, sagte Glop. »Odisia! … Tja, tja, der alte Aljassus hat seine Zaubergeschichte erzählt, seh ich. Hat er dir einen Kuss gegeben?«

Zwergliebchen nickte. »Zum Abschied«, sagte sie.

Der Alte grinste; seine Augen hatten sich zu schmalen Spalten verengt, durch die er Zwergliebchen anstarrte. »Die lieben zarten Wänglein«, flüsterte er, »welch ein Balsam für Glops Einsamkeit.« Er rückte näher. Zwergliebchen sah seinen breiten Mund, die schwieligen Warzen auf seinen Wangen und das kalte Feuer in seinen Augen. Sie stieß ihn zurück.

»Erst müsst Ihr mir von der Stadt und den Gärten erzählen«, sagte sie. »Dann erlaub ich es. Einen Kuss. Zum Abschied.«

»Einen bloß?«, rief Glop klagend. »Für einen einsamen alten Mann? Nein, ich kann nicht glauben, dass du so hartherzig bist. Liebes grünes Blättchen, ich weiß, was ich tun werde. Komm.« Er stand von der Bank auf und zog sie mit. »Ich lass dich alles sehen, alles, was du wissen willst. Alles.«

Er öffnete eine Tür und zeigte Zwergliebchen einen großen Raum voller Bücher. Regale und noch einmal Regale an den Wänden, Regale voller Bücher.

»Die Chroniken von Dorrodisia«, sagte Glop. »Du darfst sie lesen, allesamt. Und jedes Mal, wenn du einen Band ausgelesen hast, krieg ich einen Kuss.«

Zwergliebchen erschrak. »Aber so viel Zeit hab ich nicht«, sagte sie.

»Komm, wir machen ein Spielchen!«, rief die Kröte mit den Glupschaugen. »Wir machen ein Spielchen; ich wähle sieben Bände aus. Die liest du mir vor, bis du gefunden hast, was du suchst. Und jedes Mal, wenn du einen Band ausgelesen hast …« Er lief watschelnd die Regale entlang, fuhr mit den Fingern über die Buchrücken und zog hier und dort einen Band heraus. Mit einem Stapel unter dem Arm kam er wieder zu Zwergliebchen. »Hier, was du brauchst, das ist dabei. Nimm dir eins.«

Zwergliebchen zeigte auf den untersten Band.

»Ah!« Die Kröte grinste. »Komm her und lies mir daraus vor.«

Er zog sie wieder zur Bank, ließ sie Platz nehmen, gab ihr den Band und klemmte die übrigen hinter seinen Rücken.

Dann rückte er die Lampe heran und schloss die Augen.

»Lies«, sagte er heiser. »Ich will es aus deinem hübschen Mund hören.«

Zwergliebchen legte das Buch auf die Knie und schlug es auf.

»Die Chroniken des Jahres drei«, stand da geschrieben, und darunter der Titel. Mit bebender Stimme begann Zwergliebchen zu lesen.

Die unanständige Geschichte von Lulatsch und Banause

In den besten Zeiten Dorrodisias gab es ein Liedchen, das bestimmt verloren gegangen wäre, wenn es nicht mit einer ziemlich unangenehmen Sache zu tun gehabt hätte.

Zwei ellenlange Riesen
– wisst ihr, wie sie hießen?
Lulatsch und Banause –
verkauften Drops und Brause.

Eines frühen Morgens im schönen Jahre drei, als die Kinder von Dorrodisia zur Schule liefen, gab es auf dem Marktplatz einen fürchterlichen Tumult. Geschrei, Rufe, Gekreisch und freches Gelächter hallten von den Häuserwänden wider und weckten die emsigen Einwohner. Die Leute trauten ihren Ohren nicht, als die Kleinen im Chor immer wieder zwei Worte riefen, die laut über den Platz schallten: zwei unanständige Worte, die man nicht einmal zu flüstern wagt.

Der Herr Oberlehrer und die Bäckersfrau waren als Erste zur Stelle. »Pfui, Schande, aufhören!«, riefen sie, aber die Kinder schrien: »Da steht's ja, da steht's ja!«

Sie zeigten auf die Fassaden des Rathauses und des gegenüberliegenden Theaters. Und da standen die beiden unanständigen Worte, die mit leuchtenden Zierbuchstaben an die Mauer gemalt waren. Wie eine Reklame.

»Wer hat das gemacht? Schande!«, rief der Herr Oberlehrer.

»Wir nicht, wir nicht!«, schrien die Kinder. »Das waren die Großen, wir kommen da gar nicht ran.«

Der Platz wurde geräumt. Die Kinder wurden in die Schule geschickt, und sogleich wurde der Stadtrat einberufen. Wer hatte das gemacht? Aber auch für Erwachsene waren die Buchstaben viel zu weit oben. Da hätte schon jemand mit halsbrecherisch langen Leitern arbeiten müssen, und von diesem Gescharre und Geklapper wäre bestimmt jeder aus dem Schlaf aufgeschreckt worden.

»Nun gut, aber sie müssen weg«, sagte man.

Die Gebrüder Wagehals, Ratten-, Rauch- und Gespensteraustreiber, erhielten den Auftrag, die beiden Fassaden zu säubern. Hoch oben auf den Leitern fingen sie an zu scheuern, zu bürsten, zu schrubben, zu seifen, zu kratzen und zu waschen. Aber um zwölf, als die Kinder aus der Schule kamen, erschallte der Sprechchor von Neuem. Die Worte waren einfach nicht wegzukriegen.

»Es muss etwas geschehen, die ganze Stadt wird demoralisiert«, sagte der Bürgermeister.
»Wir könnten die Worte mit goldener Farbe übermalen«, schlugen die Brüder vor.
Und so geschah es.
Aber als die Kinder um vier aus der Schule kamen, schrien sie: »Schön golden, schön golden!«, und dann riefen sie wieder die unanständigen Worte, denn die Buchstaben funkelten durch die Farbe hindurch.
Jetzt wurde der Platz gesperrt.
»Wer schafft hier Rat?«, fragte der Bürgermeister. Der Sprachlehrer hob den Finger. »Der Kunstmaler soll die Buchstaben verändern«, sagte er. »Aus dem T soll er ein F machen, dann haben wir das gebildete Wort SCHIEF.«
Darauf folgte Applaus.
»Und das zweite Wort?«, fragte der Bürgermeister. »Was machen wir damit?«
»Aus dem ersten P soll er ein F machen, über das U zwei Pünktchen und aus dem zweiten P ein R. Dann haben wir FÜR, das ist auch gebildet.«
Der Kunstmaler wurde geholt. »Den Zierbuchstaben T des ersten Wortes kann ich natürlich leicht zu einem F machen«, sagte er, »und was das andere Wort betrifft: zwei Pünktchen übers U, das geht, und aus dem zweiten P ein R, das geht auch. Aber aus dem ersten P kann ich kein F machen. Ein Zierbuchstabe P wird niemals ein Zierbuchstabe F. Das ist Murkserei. Das kann ein Künstler nicht verantworten.«
»Komm, komm«, sagte der Bürgermeister. »Not kennt kein Gebot.«
»Lass uns nachdenken, lass uns nachdenken!«, rief der Sprachlehrer. Er strich sich übers Kinn. »Moment mal«, murmelte er, »was machen wir bloß aus dem Wort?«

Da erhob sich der Dichter. »Fügen wir doch einfach etwas hinzu!«, rief er. »Fügen wir doch einfach ILLE hinzu!«

»Ille? Ille? Was soll denn nun ille sein«, räsonierte der Sprachlehrer. »Eure dichterischen Eingebungen bringen uns keinen Schritt weiter, verehrter Herr!«

»Ich sehe es deutlich vor mir!«, rief der Dichter mit leuchtenden Augen. »Das gemeine Wort kann stehen bleiben, wie es ist. Mit meiner Ergänzung, in genauso hübschen Zierbuchstaben wie die ersten drei, wird dann an unserem Theater das schöne Wort PUPILLE prangen.«

Großer Applaus.

Aber der Theaterdirektor protestierte. »Mein Theater ist doch kein Jahrmarktsguckkasten!«, rief er erbost. Er wurde jedoch übertönt, und die Versammlung wurde geschlossen.

Am nächsten Morgen ging der Kunstmaler an die Arbeit. Zuerst wischte er die Goldfarbe ab. Dann machte er aus dem T ein F, und ganz zuletzt, wie ein Vogel hoch in den Lüften, malte er die neuen Buchstaben hinter das zweite Wort an der Theaterfassade. Es wurde so lang, dass das E auf den benachbarten Giebel von Witwe Jeengs gesetzt werden musste. Über den Prozess, der deswegen geführt wurde, ist in der Chronik des Jahres vier berichtet.

Schließlich aber wurde nach den schändlichen Tätern geforscht, doch ohne Erfolg. Bis sich jemand der beiden Hausierer erinnerte, die einen Tag vor den Geschehnissen mit einem Handkarren durch die Stadt gezogen waren und ihren Kram verkauft hatten. Es sollen Bergriesen gewesen sein, hieß es, und wenn man sich vorstellt, dass der eine auf den Schultern des anderen stand, müssten sie ganz bequem mit ihrem unanständigen Malpinsel so weit hinaufgereicht haben.

»Aber schöne Buchstaben waren es, das lässt sich nicht leugnen«, sagte der städtische Kunstmaler.

Und so wurde das Liedchen bewahrt; mit zwei Zeilen extra, die die Kinder heimlich sangen:

Zwei ellenlange Riesen
– wisst ihr, wie sie hießen?
Lulatsch und Banause –
verkauften Drops und Brause.
Sie grienten, und der Lulatsch rief:
Du lachst dir die Pupille schief.

»Hi-hi-hi-hu-hu!« Die Bank wackelte vom Gelächter der dicken Kröte, nachdem Zwergliebchen zu lesen aufgehört hatte. »Was ist das doch für eine köstliche Geschichte!«, rief die Kröte aus. »Oh, und das aus deinem Munde.«
Zwergliebchen schlug das Buch zu.
»Weiter, mein Schätzchen, weiter«, sagte Glop.
»Nein«, sagte Zwergliebchen. »Ich höre jetzt auf. Ich bin müde. Ich muss schlafen.«
»Ah, dann ruh dich erst aus, ruh dich aus«, sagte Glop. Er stand schnell auf, damit Zwergliebchen sich auf die Bank legen konnte. »Schlaf schön, Kindchen, schlaf schön. Ich werd auf dich aufpassen«, flüsterte Glop, und Zwergliebchen fühlte seine feuchtkalte Hand auf der Stirn. Dann schlurfte die dicke Kröte mit den Büchern unterm Arm zum Tisch und setzte sich.

Zwergliebchen stellte sich schlafend, sie lag und dachte nach. Er lässt mich hier nie mehr heraus, grübelte sie. Und er gibt mir auch nie das richtige Buch. Unter den sieben Büchern ist es nicht.
Sie beschloss zu warten, bis der Alte schlief, um dann in der Bibliothek das richtige zu suchen. Und wenn ich es gefunden habe, mache ich, dass ich wegkomme, überlegte sie.
Sie presste die Hand auf die Kette, die sie am Hals trug. Es blieb nicht mehr viel Zeit.

Der Traum des Standbilds

Kalt wie Stein war Jarrik. Er war aus Stein. Reglos stand er, mitten auf der Straße, im Lauf erstarrt, den Mund noch geöffnet zu einem Schrei: »Geh fort aus dieser Stadt! Geh fort, ehe es zu spät ist. Du findest hier nicht, was du suchst!«

Doch seine Stimme war nicht mehr zu hören. Nur noch seine Gedanken bewegten sich langsam und schwerfällig.

Alles ist verloren, alles war umsonst.

Ich stehe hier machtlos – und wie lange muss ich hier stehen? –, während sie in der Falle sitzt und langsam vergessen wird, was sie sucht. Die silberne Verzauberung, wer kann etwas dagegen ausrichten?

Zieh silberne Schuhe an, das hilft, aber sie hat schon einen verloren. Geh nicht dorthin, aber sie ist doch gegangen. Vergiss ihn, aber sie konnte ihn nicht vergessen. Lass ihn stehen, im Wind, aber sie hat ihn mitgenommen. Der Schlossgarten war so schön, sie konnte den Garten nicht vergessen. Es standen keine Blumen darin, aber diese Gärten stehen voller Blumen. Wie lange schon? Du kommst nie von dort zurück. Vergiss, bleib fort, geh zurück. Worauf lass ich mich da ein? Auch wenn ich sie nie vergesse, nie. Das ist nichts für einen närrischen Kerl. Er soll nur Späße machen, die Leute zum Lachen bringen. Und Tränen? Tränen darfst du nicht trocknen. Nur immer lachen.

Vorwärts und rückwärts und bunt durcheinander gingen die Gedanken in dem steinernen Standbild Jarrik, und schließlich wurde ein Traum daraus, der so hell und klar war wie eine wahre Geschichte.

Die Geschichte vom Tal der Blumen: Der vierte Sommer

Steil, steil, steil führte die Schlucht in die Tiefe, kaum breiter als ein Spalt. Man konnte eigentlich nur hinabstürzen, nicht hinunterklettern. Doch als er sich mit den Füßen über den Rand tastete, fanden sie doch Halt, und es ging leicht wie im Fluge. So kam er in das verborgene Tal, wo das Gras grüner war, als man es je gesehen hatte, und wo Bäume standen, die nur die Vögel kannten und die nie ein Mensch zu Gesicht bekommen hatte.

Aber er wusste, dass es hier sein musste, das kleine Mädchen, das aus dem Garten fortgelaufen war. Als er sie fand, war sie viel größer geworden. Sie saß im Gras, mitten zwischen den seltsamsten Blumen: Almenrausch, Mausöhrchen und Bocksbart. Fuchsschwanz, Jelängerjelieber, Butterblume und Margerite. Ochsenauge, Klee, Löwenmaul, Fingerhut, Klappertopf, Nieswurz, Gelbweiderich, Augentrost und Bittersüß. Glockenblumen, Rührmichnichtan, Heidekraut und Vergissmeinnicht.

Sie sang ein Lied von all diesen Namen, und durch das Gras strich der Wind, sodass jedes Mal Tausende von Hälmchen ihre Rücken beugten und in der Sonne glänzten. Und die Blumen schüttelten im Wind die Köpfe; es bedeutete Ja und Nein zugleich, und das Mädchen saß und starrte auf die Blumen. Dicht vor ihr stand eine Blume, eine Komm-zurück, und davon gab es nur eine.

Und er sagte zu ihr, sie sollte die seltsame Blume dort stehen lassen, weil das eine gute Stelle wäre, doch sie schüttelte den Kopf, und da wusste er gut, was sie meinte. Aber er war gekommen, um sie mitzunehmen, sie konnte nicht länger fortbleiben, sie musste nach Hause zurück. Er zog sie hoch, doch sie war schwer wie ein Berg und rührte sich nicht vom Fleck.

Da begann es zu regnen, und es war Herbst. Alle Blumen verblühten, zuerst das Heidekraut, das Ochsenauge zuletzt und die

Matrosenhose gar nicht, die wurde nur weiß. An der Blume des Mädchens wuchs ein Samenkorn, das wie ein Herz aussah. Sie pflückte es ab und hielt es wie eine Muschel ans Ohr.
»Er ist nicht tot«, sagte sie, »hör doch.« Man konnte es schlagen hören. Wäre das Mädchen eine Blume gewesen, hätte sie Liebeskummer geheißen.
Wieder versuchte er, sie aufzuheben, und jetzt war sie leicht wie eine Feder. Er brachte sie die Schlucht hinauf, und oben setzte er sie am Rande nieder. Er wusste, dass sie nicht mitgehen würde, zurück nach Hause, wo ihr Vater wartete. Er wusste, dass sie bleiben würde, um für Komm-zurück einen anderen Fleck zu suchen. Und er sagte: Ich werde dir helfen. Ich werde zu dir nach Hause gehen und fragen, wo du das Samenkorn säen musst. Warte hier, bis ich zurückkomme. Und auf einmal war da eine tiefe Grotte im Abhang, wo sie wohnen konnte und vor dem Schnee geschützt war. Er verließ sie und eilte den weiten Weg zurück, und seine Fußstapfen waren Tränen.

Der Traum war plötzlich zu Ende, aber einem Standbild sieht man nicht an, dass es erwacht.

Die tausend Chroniken

Zwergliebchen war eingenickt, aber sie schreckte von einem Geräusch auf.

Das Licht in den Gewölben war beinahe erloschen; sie sah die Kröte als plumpen Schatten am Tisch sitzen, der Kopf war vornüber gesackt. Die Hand war von dem Bücherstapel geglitten, der vor Glop lag. Gewiss war sie davon aufgewacht.

Vorsichtig und mäuschenstill stand sie auf, nahm eine Kerze und schlich zur Tür. Die Bücher auf dem Tisch ließ sie unberührt – was sie suchte, musste ganz bestimmt noch unter den Büchern auf den langen Regalen stehen.

Die Tür knarrte, aber Glop rührte sich nicht. Er schlief weiter und schnarchte leise und quabbelig. Zwergliebchen schloss die Tür hinter sich. Tausend Bücher standen in dem düsteren Bibliotheksgewölbe. Wo sollte sie zuerst suchen?

Sie hob die Kerze und ging an den Bücherrücken entlang: eine endlose Reihe von Jahreszahlen, immer älter, immer weiter entfernt. Aber in welchem Jahr war Odisia in ihrer schwarzen Kutsche erschienen?

Zwergliebchen nahm sich einen Schemel, um sich die oberen Reihen anzusehen. Vier dicke Wälzer standen da nebeneinander: Chronik der Riesen, Chronik der Drachen, Chronik der Zwerge, Chronik der Hexen. Sie stellte die Kerze auf den Tisch, stieg wieder auf den Schemel, nahm das letzte Buch, legte es neben die Kerze auf den Tisch und schlug es auf. Staub wirbelte ihr ins Gesicht, und sie musste sich die Nase zuhalten, um nicht zu niesen.

»Über die Herrschaft der Hexen in der Stadt Dorrodisia«, las Zwergliebchen. »Zauberei oder Zufall?« Und auf der nächsten Seite stand eine Inhaltsangabe: 1. Augenzeugen von früher. 2. Prozesse. 3. Der Scheiterhaufen. 4. Die Jammerhexe Lealing. 5. Der vierte Zeitraum und die geheimnisvollen Wolken. 6. Laufhexen und Flughexen. 7. Unschuldige Frauenspersonen. Zwergliebchen blätterte eine Seite weiter und las: »Es gibt eine alte Legende, die davon berichtet, dass eine wunderschöne Königin, Odisia genannt, von ihrem König verstoßen wurde und an einem einsamen Ort eine Stadt gründete, die genauso schön war wie sie selbst. Und am Rande der Stadt ließ sie Gärten anlegen, die schöner sein mussten als sie selbst. Aber es wollten keine Blumen darin wachsen, nicht eine einzige. Und weil die Königin allein blieb, ohne Ehegemahl, und ohne Kinder alt werden und wie eine Blume verdorren sollte, nannte sie ihre Stadt Dorrodisia.

Die Königin jedoch alterte nicht. Als sie fünfundzwanzig Jahre regiert hatte und die Stadt nicht nur wunderschön, sondern auch wohlhabend und fröhlich war, sah sie noch immer aus wie an dem Tag, da der Grundstein zum Turm gelegt wurde.

Silberne Feste wurden gefeiert, doch danach war die Königin verschwunden. Niemand wusste, wohin. Niemand hatte sie gehen sehen. Niemand hat sie jemals wiedergesehen. Manche flüsterten, dass sie eine Hexe wäre, deshalb hätte ihr König sie verstoßen und deshalb würde sie niemals älter. Und man fürchtete, die Stadt und die Gärten müssten anstelle der Königin verdorren.

Aber die Jahre vergingen, und Dorrodisia wurde immer größer und reicher und fröhlicher. Man vergaß die Königin, ihre Geschichte wurde zur Legende, und es gab niemanden, der diese Legende jemals mit den Hexen verband, die die Stadt in späteren Zeiten geplagt haben. Und dennoch, wer in diesem Buch nachschlägt …«

Mit klopfendem Herzen blätterte Zwergliebchen eine Seite zurück, um nachzusehen, ob in der Inhaltsangabe nicht der Name

Odisia erwähnt war, aber sie fand nichts. Stand in diesem Buch nichts über die Ankunft der schwarzen Kutsche? Aber wo dann? Sie schlug das Buch zu und stellte es zurück. Wieder ging sie mit der Kerze die Buchrücken entlang, nach jeder Reihe schob sie den Schemel weiter.

»Kanäle und Brücken«, »Die Stadtmauern«, »Die Geschichte von General Tsem und der großen Kanone Brenz«.

Zwergliebchen hielt die Kerze still und überlegte. Den Namen hatte sie schon einmal gehört. Aber wo? Jiri! Der alte Soldat, der Torwächter von Dorr. Er hatte ihr von der Kanone erzählt, und von einem silbernen Feind! Der Feind hatte damals diese Stadt eingenommen. Ein Heer von silbernen Männern, von Odisia geschickt, in der Nacht, als sie den alten Zauberer mit ihrem Blitzstrahl blendete. Ein verhextes Heer, das die ganze Stadt verhexte und in einer Nacht verdorren ließ. Sollte das irgendwo beschrieben sein, in einem dieser tausend Bücher? Und wer sollte das wohl beschrieben haben? Glop?

Zwergliebchen setzte sich auf den Schemel und ließ die Kerze sinken, während sie nachdachte. Wo, wo könnte es stehen? In einem besonderen Buch, im allerletzten?

Sie blickte die Reihen entlang, hinauf und hinunter, und plötzlich schrak sie entsetzt zusammen. Dort, in der Ecke, schimmerte noch ein Licht.

Sie hatte es nicht eher entdeckt, ein matter Schimmer, es schien eine zweite Kerze zu sein. Zitternd hob sie die Hand, und der Lichtstrahl verschwand. Hexerei? Sie ließ die Hand mit der Kerze sinken, und da war es wieder.

Eine Spiegelung?

Klopfenden Herzens erhob sich Zwergliebchen und ging darauf zu. Sie bückte sich, und wieder schimmerte es auf. Es war ihre eigene Kerze, deren Licht von einem glänzenden Buchrücken widergespiegelt wurde. Es war klein, steckte tief zwischen den anderen Büchern.

Zwergliebchen holte es vorsichtig hervor, legte es auf den Tisch, stellte die Kerze daneben und musste plötzlich die Hand auf den Mund drücken, um nicht aufzuschreien.

Das Buch war aus Silber.

Auf dem Einband stand nichts. Die Seiten waren wie bei jedem Buch aus Papier, und da las Zwergliebchen:

»Chronik tausendeins: Die verlorene Stadt Dorr. Der Anfang der Endlosigkeit.«

Zwergliebchen blätterte weiter. Das Inhaltsverzeichnis: 1. Die Nacht der Rache. 2. Die Umkehr der Zeit. 3. Die Vorschrift für die Glocke Banaung. 4. Die Mauer. 5. Der Verbleib der Silbernen. 6. Der Verbleib der Blumen. 7. Der Ort der Verwandlung …

Zwergliebchens Finger zitterten so schrecklich, dass sie bei der Suche nach dem letzten Kapitel die Seiten zerknitterte. Und als sie es gefunden hatte, konnte sie beinahe nicht lesen, weil die Buchstaben vor ihren Augen tanzten. »Verdorren konnten die Gärten nicht, auch die Erde nicht und die Gewächse. Aber die jungen Männer von Dorrodisia, die Ihre Hoheit, die Zauberin, in der bewussten Nacht in Blumen verwandelt hatte, sollten nie mehr aufblühen. Denn auch die Gärten mussten der Umkehr der Zeit gehorchen, die die Glocke Banaung angab. Von der Tagundnachtgleiche im März, wenn die Knospen eigentlich zu schwellen beginnen müssten, zurück zur Tagundnachtgleiche im September, in umgekehrter Abfolge über den Winter zum Herbst. Und ewig hin und her durch das Halbjahr der Düsternis und Trübe, wie der Klöppel einer Glocke. Wintergewächse, die die Blüte des Sommers nie mehr schmecken werden, nach der klugen Rache Ihrer Hoheit, der Zauberin. Und für ewig sind die Gärten jedermanns Auge entzogen, verborgen am Ort der Verwandlung, der von der Mauer umgeben

und überschattet ist. Nur wenn ein Verzauberter auf diese Seite der Mauer gelangt, um den Weg zu zeigen, oder …«
Die Tür hinter Zwergliebchen knarrte. Blitzschnell schlug sie das silberne Buch zu und versteckte es in ihrem Kleid.
»Ei, ei ….«, erklang Glops heisere Stimme, und er näherte sich mit watschelnden Schritten. »Beim Spionieren? Die neugierige Nase in die Bücher stecken, während der arme einsame Glop ein Nickerchen macht? Mein zartes Zitterblättchen.«
Zwergliebchen spürte seinen warmen, modrigen Atem im Nacken. Mit einem Ruck drehte sie sich um.
»Ich bin aufgewacht«, sagte sie.
»Ah! Und was versteckst du da?« Seine geblähte Froschhand grapschte nach ihrem Kleid.
»Nichts«, sagte Zwergliebchen und wich zurück.
»Ich höre es schlagen«, sagte die Kröte.
»Mein Herz«, sagte Zwergliebchen.
»Ei, ei! Dein Herz?« Glop kniff die Augen zusammen. »Weißt du das ganz genau?«
»Was denn sonst?«, fragte Zwergliebchen.
»Es glänzt«, sagte die Kröte. »Etwas Silbernes, da an deinem Hals.«
»Meine Halskette«, sagte Zwergliebchen.
»Mit einem Anhänger?«, fragte Glop. »Lass doch mal sehen, meine zarte Schönheit, mein Liebling, mein Balsam. Lass mich sehen, was du da Schönes hast.«
Zwergliebchen schüttelte den Kopf. »Nein«, sagte sie, »das lass ich niemanden sehen.«
»Ein Geheimnis? Ein liebes Geheimnis? Eine schöne Erinnerung? Ein Medaillon? Ein Bildchen? Ei, ei, ein Geliebter?«
Zwergliebchen wurde feuerrot.
»Ich höre es immer noch schlagen«, sagte Glop. »Ist das dein Herz? Oder hast du gar zwei? Hör doch: bom-bom, bom, bom-bom …«

Zwergliebchen starrte ihn aus großen runden Augen an. »Ich weiß nicht, was Ihr meint«, sagte sie. »Aber wir wollen in dem Buch weiterlesen, und dann könnt Ihr mir einen Kuss geben.«
»Ah, der Kuss! Tse-tse-tse! Lesen wir«, sagte er, und langsam watschelte Glop vor Zwergliebchen zur Sitzbank in der Kammer. Zwergliebchen versteckte das Buch noch tiefer in ihrem Kleid und schluckte ihre Tränen hinunter.
Wie komme ich jemals aus dieser Falle heraus?, dachte sie.

Das dunkle Zimmer

Der kleine Junge war zu Bett gegangen, denn die Dunkelheit würde zurückkehren. Die ersten Schattenfinger tasteten sich schon die Wände entlang, und es war, als würde draußen eine graue Gardine vor die Fenster gezogen.

Mücke lag mucksmäuschenstill. Auf dem Flur knarrte etwas, und es knarrte etwas in der Ecke. Er sah, wie sich die Tür bewegte, während sie doch geschlossen blieb. »Da ist niemand«, sagte er tapfer zu sich selbst. »Also kann auch niemand hereinkommen, und aus dem Schrank kann auch niemand kommen, und auch niemand unter dem Bett hervor.«

Er wippte mit dem Rücken auf und nieder, dass das Bett laut quietschte. Das vertrieb die Angst. Dann drehte er sich mit dem Gesicht zur Wand, machte die Augen zu und stellte sich vor, er läge in seinem Zauberbett. Er drückte auf einen geheimen Knopf, und langsam flog das Bett durch das Fenster, das lautlos aufging. Hoch über die Stadt, fort in die Berge, wo er sicher war. Dort hatte er eine Hütte, und dort waren Schafe und Hunde, die sich freuten, dass er sie besuchte. Er wälzte sich mit ihnen im Gras, und seine Nase roch nur noch Gras, und in den Lüften schmetterte eine Lerche ihr Lied, doch auf einmal gab es einen Krach, der lauter war als das Lied der Lerche, und im selben Augenblick war die Wiese wieder sein Kopfkissen, und die Berge verwandelten sich in seine Stube zurück. Das Krachen kam vom Flur, und die Tür bewegte sich wieder. Ging sie tatsächlich auf, oder waren es nur die Schatten?

Mücke drehte sich mit einem Ruck um und starrte mit weit aufgerissenen Augen in die Dunkelheit, dorthin, wo die Tür sein musste.

Er zitterte, weil alles so wirklich war, als schliche wirklich jemand herein. Aber die Tür war zu.
Mücke blieb noch eine Weile halb aufgerichtet liegen, dann drehte er sich wieder zur Wand und flog zurück in die Berge. In der Hütte dort ging er schlafen, er war vom Herumtollen mit den Schafen ganz müde, und sein Lieblingshund war sein Kopfkissen. Er schloss die Augen, und plötzlich war da eine Hand, die über sein Haar strich und über seine Stirn. Die warme, sichere Hand seines Vaters, denn damals in dem großen Haus hatte sein Vater manchmal nach ihm geschaut.
Mücke bewegte sich und machte die Augen ein bisschen auf. Doch er schloss sie nicht wieder, denn es war Licht in der Stube, und er träumte nicht und fühlte doch immer noch die Hand auf seiner Stirn.
»Vater?«, flüsterte er.
»Ach, Junge«, sagte eine Stimme, »hab ich dich aufgeweckt?«
Mücke drehte sich um. Die Angst war fort, und dafür war jemand bei ihm. Der hatte eine Kerze angesteckt.
»Seid Ihr der Mann, der unter dem Bett steckte?«, fragte Mücke.
Ein polterndes Gelächter war die Antwort. »Wie kommst du denn darauf, Junge? Ich komm von draußen. Ich musste den ganzen Tag versteinert auf der Straße stehen.«
»Tut das weh?«, fragte Mücke.
»Nein«, sagte der Mann. »Man steht bloß stocksteif da.«
»Oh«, sagte Mücke. »Bleibt Ihr bei mir?«
»Gerne«, sagte der Mann. »Mindestens für heute Nacht. Ich muss mich ausschlafen. Ich bin müde.«
»O fein«, sagte Mücke. »Prima prima, alleine hab ich immer solche Angst.«
»Aber doch nicht, wenn Jarrik bei dir ist, stimmt's?«, fragte der Mann. »Ich heiße nämlich Jarrik.«

»Ich heiße Mücke«, sagte Mücke.
»Mücke?«
»Ja, Mücke. Hatten dich die Silbernen verzaubert? Ich meine, zu Stein?«
Jarrik nickte.
»Warum?«
»Warum …« Jarrik lächelte. »Das ist eine lange Geschichte, die kann ich nicht erzählen.«
»Dann mach eine kurze Geschichte draus«, bat Mücke. »Einverstanden? Eine Geschichte, und dann gehen wir schlafen.«
Jarrik sah den Jungen an. »Na gut, ganz kurz«, sagte er, »und sie wird dir bestimmt gefallen.« Er setzte sich am Fußende aufs Bett, legte die Laute auf seinen Schoß, lehnte sich nach hinten an die Wand und begann zu erzählen.

Die Geschichte von dem Mann unterm Bett: Der fünfte Sommer

Weit weg von hier stand einst ein Schloss. Da wohnten ein König und eine Königin, und eine Menge Köche und vornehme Damen und Knechte und Putzfrauen. Und auch ein närrischer Kerl wohnte im Schloss. Der König und die Königin hatten ein Töchterchen, ein Prinzesschen von elf Jahren, aber sie war fortgelaufen, weil auf dem Schloss auch eine Hexe wohnte, und vor der Hexe hatte sie Angst.
Die Hexe war eine besondere Hexe: Man sah ihr nicht an, dass sie eine Hexe war. Sie hieß Sirdis, und sie war schön von Angesicht, aber es schauderte einen, wenn man sie sprechen hörte.
Der närrische Kerl brachte jeden zum Lachen, aber seit das Prinzesschen weggelaufen war, machte er sich jeden Sommer auf die Reise und kam erst im Herbst zurück.

»Wo bist du gewesen?«, fragte ihn dann der König. »Wir haben die ganze Zeit nicht gelacht.«
Und der närrische Kerl antwortete: »Ich bin Eurem Kummer nachgegangen; er wird immer größer.«
Dann sagte der König nichts mehr und starrte düster vor sich hin, doch die Hexe guckte giftig, denn sie saß ja immer dabei, diese Schlange.
Als es wieder Frühling wurde und der närrische Kerl zum vierten Mal auf Reisen gehen wollte, fragte ihn der König, ob er nicht lieber bleiben wolle.
»Nein«, sagte da der närrische Kerl.
»Aber es macht mich traurig«, sagte der König, und tatsächlich liefen doch ein paar Tränen über seine Wangen.
»Ach!«, rief der närrische Kerl, und er sang:

Heulen hat doch keinen Zweck,
so'n Dreck!
Trink dir lieber einen an,
Mann.
Spül den Kummer runter
und bleib munter.

Und er füllte die Gläser für den König und die Hexe, denn sie war natürlich wieder dabei.
Der König bekam erst Bier und dann Wein, aber der Hexe gab er zuerst Wein, fünf Gläser voll, und dann noch Bier, krügeweise, denn dieses Frauenzimmer konnte was vertragen.
Der närrische Kerl trank selber nichts, und als die beiden laut wurden und stampften und sangen und lallten, da schlich er aus dem Gemach, ging nach oben und versteckte sich unter dem Bett der Hexe.

Um zwei Uhr nachts hörte er den König und die Hexe die Treppe heraufkommen.
Der närrische Kerl verhielt sich totenstill.
Die Tür wurde aufgestoßen, das flackernde Licht einer Kerze war zu sehen, zwei Paar Füße polterten herein, und die Tür wurde zugeworfen.
»Sssst! Wir müssen leise sein«, flüsterte es.
»Wegen der Königin«, kicherte die andere Stimme.
»Wegen der Königin?«, rief der König. »Die hört uns ja doch nicht.«
»Sssst! Sei doch still, du Klotz!«
»Was s-s-sagst du da? Ich bin der König, verstanden? Der K-K-König!«
»Ja, ja«, flüsterte Sirdis. »Still jetzt. Leg dich hin.«
»Was?«, rief der König. »Was sa-sa-sagst du da?« Er schien zwei Zungen zu haben, die einander im Weg waren. »Muss ich mich hinlegen? Willst du mich rumkommandieren? Mich? Den König?« Seine Füße polterten über den Fußboden und machten dicht vor Sirdis' Schuhen halt.
Der närrische Kerl blieb mucksmäuschenstill.
»Da!«, brüllte der König.
Die Beine der Hexe verschwanden plötzlich, die Bettfedern krachten, und der närrische Kerl bekam einen Stoß gegen den Kopf.
»Da! Jetzt liegst du se-se-selber. Und jetzt erzählst du mir ein bisschen plötzlich, wo meine Tochter ist.«
Die Hexe lachte, niederträchtig und gemein, und von ihrem Gelächter wackelte das ganze Bett. Dann wurde es still. Vor der Nase des närrischen Kerls erschien ihr Bein. Es baumelte über der Bettkante.
Dann hörte der närrische Kerl Geschluchze. Er sah, wie sich die Füße des Königs durchbogen, und plötzlich – bums, bums – fielen zwei dicke Knie auf den Fußboden, dicht neben das Baumelbein.

Der König hatte sich flehend vor die Füße der Hexe geworfen. »Mein liebstes Rübchen«, schluchzte er, »mein Springinsfeld, mein fröhliches Prinzesschen, sie fehlt mir so. Wo ist sie bloß? Sag's mir doch. Bitte, schöne Sirdis, sag's mir. Du hast sie versteckt, stimmt's? Du hast sie mir weggenommen! W-w-weg ist sie! Und daran bist du schuld!«
Er weinte und winselte. Der närrische Kerl sah die Knie des Königs zittern, aber das Bein der Hexe baumelte weiter, als sei nichts geschehen.
»Du falsches Mensch!«, schrie der König. »Wenn du es nicht sagst, lass ich dir den Ko-Kopf abhacken.«
Die Hexe lachte laut auf. »Der wächst wieder an«, rief sie.
Da flehte der König aufs Neue. »Mein hübsches allerliebstes Goldstück, du bekommst alles von mir. Alles, was du haben willst, wenn du mir sagst, wo mein Röschen ist. Meine Prinzessinnentochter, meine ..., meine ...«
»Hatschiii!«, nieste Sirdis.
Der närrische Kerl sah, wie die Hand des Königs in die Hosentasche kroch und ein zerknülltes Taschentuch herauszog.
Die Hexe schnäuzte sich laut. »Du vermurkst mir den ganzen Abend mit deinem Lamento und Gejammere«, rief sie und putzte sich die Nase. »Wie soll ich denn wissen, wo das kleine Ding geblieben ist? Sie ist dem Gärtnerjungen nachgelaufen.«
»Das sa-sa-sagst du immer«, heulte der König.
»Sie kommt erst zurück, wenn sie ihn hat«, sagte die Hexe. »Hihihi! Wenn sie ihn hat!« Sie lachte böse.
»Du hältst mich zum Narren«, jammerte der König, »du hältst mich immerzu zu-zum Narren. Wo ist denn der Gärtnerjunge?«
»Hihi!«, kicherte Sirdis schadenfroh. »Der sitzt in der Erde. Sie hat ihn selber hineingestopft, aber an der verkehrten Stelle! Hihi.«
Der närrische Kerl spitzte die Ohren.

»An der verkehrten Stelle«, redete die Hexe weiter. »Da geht er auf, aber er kommt nicht los, hihi.«
»W-was muss sie dann machen?«, fragte der König.
»Wieder in die Erde stecken«, kreischte die Hexe. »Tief in die Erde, aber an der richtigen Stelle. Haha! Und die findet sie nie. Nie! Hi-hi-hi!«
Ihr Gelächter klang wie Rattengepiepse, aber sein Schluchzen war herzzerreißend.
»Vorwärts!«, rief Sirdis. »Geh und wasch dich. Dann wirst du nüchtern, du betrunkenes Nashorn, du bist ja wie ein verkalkter Mummelgreis.«
Während sich der König wusch, gurgelte die Hexe und spritzte mit Wasser herum. Und danach hörte der närrische Kerl, wie sie mit Fläschchen und Büchsen und Nadeln hantierte und sich schließlich das Haar bürstete; das schien eine ganze Stunde zu dauern.
Der König war schon zu Bett gegangen, und als sich Sirdis hinlegte, musste sich der närrische Kerl ganz dünn machen, denn die Sprungfedern sackten durch und stießen ihn in den Rücken.
Die Kerze wurde ausgeblasen.
Aber bald spürte der närrische Kerl einen Schlag in den Rücken.
Der König hatte sich aufgesetzt und stieg aus dem Bett.
»Was ist denn nun schon wieder?«, fuhr ihn die Hexe an.
»Ich muss mal ganz nötig«, sagte der König. Er schlurfte im Dunkeln zur Tür.
In diesem Augenblick kroch der närrische Kerl unhörbar unter dem Bett hervor. Auf Händen und Füßen schlich er durch das Zimmer, und als die Tür quietschend aufging, folgte er dem König in den Gang.
»Herr König«, flüsterte er dort, »Herr König, Eure Frau, die Königin, hat Angst so allein. Sie sieht Schatten und hört Spuk. Wollt Ihr diese Nacht nicht bei ihr verbringen?«

»Ach«, murmelte der König. »Ach, meine Königin, Angst hat sie?« Er blieb einen Augenblick stehen, dann schlurfte er weiter.
Der närrische Kerl zog geschwind seine Kleider aus und lärmte im Hemd in die stockfinstere Kammer der Hexe. Er polterte wie der König, er seufzte wie der König, er kratzte sich den Kopf wie der König, und er legte sich neben die Hexe, als ob er der König wäre. »Ach«, seufzte er, »ach, mein Goldstück, das erleichtert einen. Das ganze Bier und den Wein bin ich jetzt los, ich bin wieder nüchtern.«
Aber Sirdis war noch betrunken; ihr Hexenhirn war ganz benebelt, und sie merkte nicht, dass es der närrische Kerl und nicht der König war. »Mein Schönchen«, flüsterte der närrische Kerl. »Sag mir doch, wo der Ort ist. Sag mir, wo mein Prinzesschen ihn in die Erde stecken muss.« Er kitzelte sie ein bisschen, wie er es den König hatte tun sehen.
»Das möchtest du gerne wissen, wie?«, rief Sirdis.
»Ja«, sagte der närrische Kerl. »Das hätte ich gerne gewusst.«
Sirdis kicherte, denn er kitzelte sie immer mehr. »Hör auf!«, kreischte sie schließlich. »Ich will's dir erzählen. Und dann weißt du immer noch nichts, hihi!«
»Erzähl's.«
Sirdis richtete sich auf. Auf den silbernen Kissen saß sie, die Haare fielen ihr ins Gesicht, und das Licht ihrer Augen beschien das Haar. »Die Gärten von Dorr«, kreischte sie. »Dorthin muss dein liebes Prinzesschen. Wenn sie das Samenkorn dort in die Erde steckt, dann kommt der Gärtnerjunge wieder zum Vorschein. Hihi-hiiii!«
»Dorr?«, fragte der närrische Kerl.
»Ja, Dorr!«, gellte ihre Stimme. »Die Stadt hinter dem schwarzen Wasser des Zwergs, die Stadt, die ich in Dunkelheit gehüllt habe!«

Sirdis schlug mit den flachen Händen auf die Bettdecke und schüttete sich aus vor Lachen, aber der närrische Kerl weinte, wie er den König hatte weinen hören. »Dummes Gerede«, jammerte er. »Du hältst mich mit deinem dummen Gerede zum Narren. Ich will nicht mehr bei dir schlafen, ich geh zur Königin.«

Er ließ sich vom Bett gleiten, schlurfte aus der Kammer und schlug die Tür heftig hinter sich zu.

Auf dem Gang draußen zog der närrische Kerl seine Kleider wieder an, und dann schlich er durch eine Hintertür aus dem Schloss, ging durch den Garten und machte sich auf den Weg zur Prinzessin. Er wusste, wo er sie finden würde, am Rande der tiefen Schlucht, da musste sie warten.

Es war sehr weit.

Der närrische Kerl musste den ganzen Frühling hindurch gehen und gehen, unter Blüten und durch Löwenzahn, dann noch den ganzen Sommer hindurch, durch Heu und an Rosen vorbei, und als er schließlich zur Schlucht kam, fielen schon die Blätter von den Bäumen.

Die Prinzessin saß nicht am Rande der Schlucht. Aber er kletterte hinunter und fand sie bei einer seltsamen hohen Pflanze, die ganz verdorrt war.

»Ich weiß es!«, rief er schon von ferne. »Ich kenn den Ort. Es sind Gärten. Die Gärten einer vergessenen Stadt. Da musst du ihn aussäen, in den Gärten von Dorr!«

Sie drehte sich um und blickte ihn an. Sie war kreidebleich.

»Das Samenkorn«, stammelte sie. »Das Samenkorn ist weg. Es muss über Nacht abgefallen sein; ich kann es nicht mehr finden.«

Den ganzen Tag haben der närrische Kerl und die Prinzessin gesucht. Im Gras, unter den Blättern, im Gebüsch.

Aber sie fanden es nicht.

Jarrik hielt in seiner Erzählung inne. Es war totenstill in der Stube, nur der ruhige Atem von Mücke war zu hören. Der Junge war mitten in der Erzählung eingeschlafen. Bald darauf schlief auch Jarrik, am Fußende des Bettes, den Kopf gegen die Wand gelehnt und die Laute neben sich.
Ganz langsam begann die graue Morgendämmerung der Stadt Dorr durch die Fenster zu scheinen. Die Schatten zogen sich zurück.

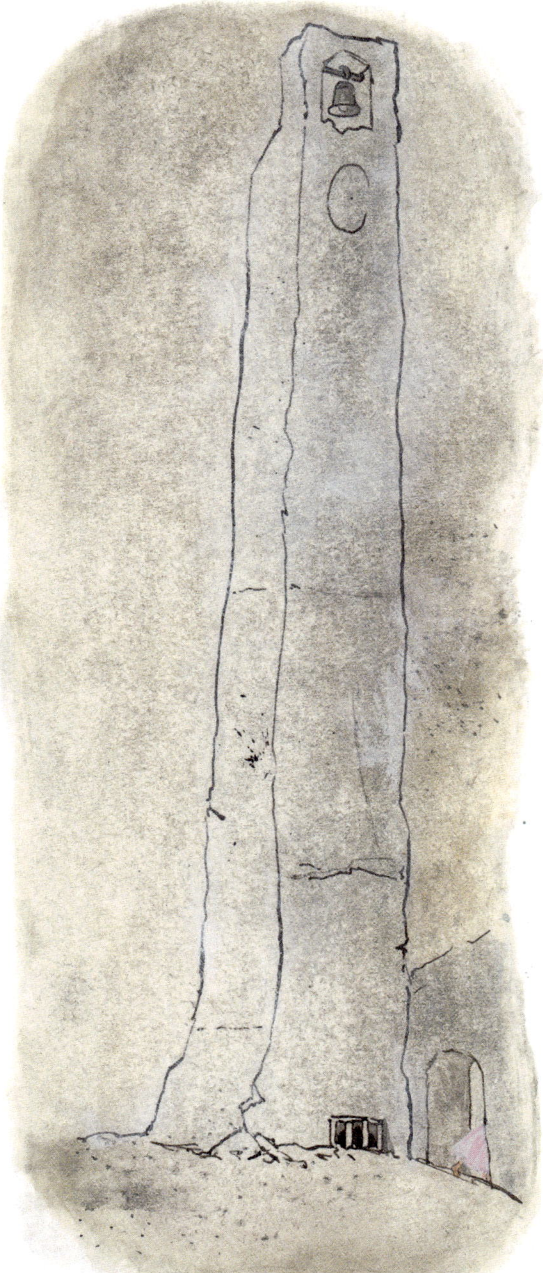

Die Falle von Glop

Wie komm ich jemals aus dieser Falle?, dachte Zwergliebchen bei sich. Die wulstige Hand der Kröte klammerte sich fester um ihren Arm.
»Setz dich doch, mein grünes Blättchen«, sagte Glop, »und lies mir weiter aus dem Buch vor.«
Beinahe hätte Zwergliebchen das silberne Buch hervorgeholt, aber noch rechtzeitig presste sie es an sich, unter ihrem Kleid, wo sie es versteckt hielt. Das Buch, aus dem sie Glop vorgelesen hatte, lag noch auf dem Tisch. Sie schlug es auf.
»Das nächste Kapitel, mein Herzchen«, sagte Glop. »Das hör ich gern.«
Zwergliebchen blätterte langsam das Buch durch, um das Kapitel zu suchen. Ich komm hier nicht mehr weg, dachte sie. Und was nützt es? Die Gärten sind weggezaubert, das weiß ich jetzt. Ich werd sie nie finden können. Und die Zeit läuft hier rückwärts. Es wird nie Frühling. Das Samenkorn wird verdorren.
Sie presste die Hand gegen die Halskette und flüsterte: »Komm-zurück.«
»Was sagst du da?«, fragte die Kröte.
Zwergliebchen erschrak und wurde feuerrot. »Oh …, eh …, nichts«, stammelte sie.
»Mein zartes Herzblättchen ist mit den Gedanken woanders, wie?« Glop grinste. »Dein Kopf ist voll davon.«
Er legte seine feuchtkalte Hand auf Zwergliebchens Haar. »Und ich bleibe ein einsamer armer alter Mann, der nicht einmal ein bisschen näher rücken darf.« Er rückte näher. »Immer weichst du aus. Bin ich denn hässlich? Ich tue doch nichts Garstiges? Schau

mich an, schau mir in die Augen, da siehst du die Einsamkeit, die Leere, die Sehnsucht.«

Zwergliebchen sah ihn an. Glops Maul war zu einem breiten Grinsen verzogen; in den Mundwinkeln saßen dicke Warzen. Die platte Nase war noch platter geworden, und die großen gelben Augen blieben kalt wie Glasmurmeln. Zwergliebchen hatte Angst. »Ich will weiterlesen«, sagte sie und beugte sich über das Buch.

Die traurige Geschichte von Mink und Jink

In den schönsten Zeiten der Stadt Dorrodisia gingen zwei Kinder zur Schule, die bekamen in allen Fächern eine Eins. Und im fünften Schuljahr sprach der Schulmeister zum Stadtrat: »Wir müssen die Null einführen, denn die Schüler Mink und Jink verdienen eine bessere Zensur als eine Eins. Sie können alle Jahreszahlen auch rückwärts aufsagen, sie kennen alle Nebenflüsse in Spanien und den Satz ›Vater raucht Pfeife‹ können sie auf Französisch sagen.«

»Eine Null?«, fragte der Stadtrat. »Das geht nicht, das hat es noch nie gegeben.«

»Ja aber, die Schüler Mink und Jink können höher hinaus – sie sind äußerst begabt und dürfen nicht auf der Stelle treten. Wer rastet, der rostet, sagt man, und ich möchte hinzufügen: Rost rastet nicht.« So sprach der Schulmeister.

»Die Eins ist das Höchste«, verkündete der Stadtrat. »Höher dürfen die Schüler nicht kommen. Sonst werden sie hochmütig.«

Der Schulmeister ging.

Am nächsten Tag sagte Mink alle Jahreszahlen her, und Jink sagte auf Französisch, dass Vater Pfeife geraucht hat. Der Schulmeister gab ihnen eine Eins plus, und dann hatten sie Ferien.

Im letzten Schuljahr waren Mink und Jink so gescheit, dass sie alle Berggipfel von Schweden auswendig wussten und genau angeben konnten, wie viel Kilometer es von Ziegendorf bis Berlin und von Bombay bis Kötzschenbroda sind. Sie wussten, wie tief der Ozean ist, wie schnell ein Kanarienvogel fliegen kann und wie viel Zeit Herr Nachbar braucht, um bei Gegenwind und mit einem geplatzten Reifen von Punkt A nach Punkt B zu radeln.

Der Schulmeister gab ihnen eine Eins bis Null, und als die Sommerferien anfingen, bekamen Mink und Jink ein goldenes Zeugnis, in das der Schulmeister alle Einsen mit roter Tinte eingetragen hatte.

»Wir haben hundert Einsen!«, riefen Mink und Jink, als sie nach Hause liefen, und nach einer Stunde sprach die ganze Stadt von den klugen Köpfen, die so viele Einsen in der Schule hatten.

»Was wollt ihr jetzt werden?«, fragte ein jeder.

»Och«, sagte Mink, »ich werd Bürgermeister.«

»Und ich«, sagte Jink, »ich werd Richter.«

Das fanden alle sehr vernünftig; die Besten mussten an die Spitze der Gemeinde, dann erst würden wirklich Wohlstand und Glück in die Stadt einziehen.

Als die Sommerferien vorbei waren, ging Mink beim Bürgermeister in die Lehre, und Jink lernte beim Richter.

Aber nach kurzer Zeit meinten Bürgermeister und Richter: »Das Beste ist, wir gehen angeln, die Jungen sind groß genug und so schlau, dass sie unsere Arbeit auch allein schaffen.«

Und Mink kriegte ein Bürgermeister-Diplom mit einer Null und Jink ein Richter-Diplom mit einer Null, denn darüber hatte der Rat nicht mehr zu bestimmen.

Am nächsten Tag erschienen vor Richter Jink zwei Männer.

Sie hatten Streit wegen einer Kuh.

»Sie gehört mir«, sagte der eine Mann.

»Sie gehört mir«, sagte der andere Mann.

Die Kuh stand zwischen ihnen und muhte, sie musste dringend gemolken werden.
»Die Kuh gehört zu den Wiederkäuern«, sprach Jink. »Sie ist ein Spalthufer, hat zwei Hörner und drei Mägen. Sie gibt zwanzig Liter Milch am Tag, manchmal auch fünfundzwanzig. Im Sommer grast die Kuh auf der Weide, und im Winter steht sie im Stall, wo sie der Bauer mit Heu, Futterkuchen und Schlabber füttert. Die Kuh ist auch nach ihrem Tode noch nützlich. Ihr Fleisch dient als Nahrung, und ihre Haut wird für die Lederindustrie gegerbt.«
Andächtig lauschten die Männer den weisen Worten des Richters Jink.
»Sie gehört mir«, sagte der eine Mann.
»Sie gehört mir«, sagte der andere Mann.
»Der nächste Fall!«, verkündete Jink, denn das hatte auch der Richter immer gerufen.
»Und das Urteil?«, fragten die Männer. »Wie ist das Urteil?«
»In vierzehn Tagen«, sagte Jink.
Bürgermeister Mink hatte inzwischen Besuch vom Präsidenten des Festkomitees. Der wollte wissen, ob ein großer Fackelzug abgehalten werden könnte. »Denn es darf natürlich kein Feuer ausbrechen, wissen Sie«, sagte der Präsident.
Und Mink antwortete: »Die Größe des angerichteten Schadens wird durch einen großen Brand noch vergrößert. Erst mit ö, dann mit o und zum Schluss wieder mit ö.«
»Aber gewiss doch«, sagte der Präsident des Festkomitees. »Wir werden natürlich sehr vorsichtig sein. Wir wollen um acht Uhr vom Marktplatz losziehen.«
Und Mink antwortete: »A zieht um acht Uhr von P nach Q, und B zieht um halb neun von Q nach P. A geht fünf Kilometer in der Stunde, und B geht sechs Kilometer in der Stunde. Um wie viel Uhr begegnen A und B einander, wie weit ist das von P entfernt,

wenn die Entfernung bis Q vierzehn Kilometer beträgt, und um wie viel Uhr ist A in Q?«
Der Präsident des Festkomitees wurde nervös und begann an seinen Fingern zu ziehen. »Aber wir gehen ja gar nicht nach Kuh!«, rief er aus. »Wir wollen zur Strudelgracht.«

»Der Japanische Graben ist zehn Kilometer tief«, sagte Mink. »Die Passatwinde haben auf der nörrrrdlichen Halbkugel eine Abweichung nach rrrrechts und auf der südlichen Halbkugel eine Abweichung nach linkkkks.«

»Aber selbstverständlich«, sagte der Präsident des Festkomitees eilig, »wenn der Wind zu stark weht, werden wir den Fackelzug abstellen.«

»Abbestellen«, sagte Mink. »In Oberkäsbach gibt es eine Molkerei. In der Lüneburger Heide wird Torf gestochen. Essen ist eine Industriestadt.«

»Wir werden unser Bestes tun«, versprach der Präsident des Festkomitees, und dann musste er gehen, denn es klopfte an die Tür.

»Da ist jemand aus dem Ausland gekommen«, sagte der Bote. »Wir können ihn nicht verstehen.«

Ein wunderlich gekleideter Herr erschien, noch ganz staubbedeckt von der langen Reise.

»Sihoeia propalia«, sagte er mit einer tiefen Verbeugung.

»Vater raucht Pfeife«, sagte Bürgermeister Mink auf Französisch.

»Poelepjal soep?«, fragte der Mann.

»Würde Vater Pfeife geraucht haben wollen?«, fragte Mink wieder auf Französisch.

»Sjok, sjok«, sagte der Mann.

»Saftige Birnen sind herrlich«, rief Mink nun auf Deutsch.

Der Mann antwortete nicht.

Da sagte Mink auf Griechisch, dass die Schwester traurig ist, dann auf Lateinisch, dass er seine Schwester liebt, und zuletzt sagte er auf Russisch Guten Abend.

In diesem Augenblick flog die Tür auf, zwei Männer kamen herein, die Jink vor sich herschoben und eine Kuh hinter sich herzerrten. »Bürgermeister«, riefen sie, »das ist kein richtiger Richter!« Und der Präsident des Festkomitees drängte sich nach vorn und

rief: »Und das ist kein Bürgermeister. Weg mit ihnen! Sie wissen nichts.«
»Sie wissen alles!«, rief der Oberlehrer, den der Auflauf herbeigelockt hatte.
»Nichts!«
»Alles!«
»Nichts!«
»Alles!«
Der Stadtrat musste sich mit der Angelegenheit beschäftigen. Es war ein Glück für Dorrodisia, dass der Stadtrat noch existierte und einen weisen Beschluss fassen konnte.
»Wir werden nun doch die Null einführen«, verkündete der Stadtrat. »Mink und Jink kriegen nachträglich in allen Fächern eine Null auf ihrem Zeugnis. Aber es kommt noch etwas hinzu: Wer eine Null kriegt, ist so gescheit, dass er ins Ausland muss.«
So geschah es, dass die klugen Köpfe Mink und Jink mit dem wunderlich gekleideten Herrn, der nichts von allem, was sie konnten, verstand, ins Ausland geschickt wurden. Bei ihm hatten sie eine Fünf. Und das ist das traurige Ende dieser Geschichte. Niemand hat je wieder etwas von Mink und Jink gehört.

»Noch ein Kapitel!«, flüsterte die Kröte heiser. »Nur noch eins, das letzte, lies bitte!«
»Nein«, sagte Zwergliebchen.
»Bitte, lies doch!«, flehte Glop. »Es sind nur noch ein paar Seiten, lies!«
»Ich kann nicht mehr«, sagte Zwergliebchen.
Die Kröte begann erschreckend zu jammern. Es kam ganz tief aus ihrem Leib. »Du willst nicht, du fürchtest dich vor meinem Kuss, du kannst mich nicht leiden. Immer, immer, immer dasselbe. Jedes Mal dasselbe. Hu-hu!«

Zwergliebchen bebte und rückte ein Stück zur Seite.
»Da siehst du!«, rief Glop. »Du sagst nichts. Du wagst es nicht zu sagen, aber du rückst von mir weg. Und ich …« Er packte ihren Arm.
Zwergliebchen riss sich los und stand auf. »Ich werd nachher weiterlesen«, sagte sie.
»Nachher, nachher! Immer nachher. Ich will aber jetzt.«
Glop streckte seine Arme aus. Zwergliebchen wich zurück, doch Glop richtete sich auf. »Bleib!«, rief er, »Schmetterling, bleib sitzen. Flatter mir nicht davon. Ich werd dir nichts zuleide tun.«
Zwergliebchen jedoch drehte sich um und rannte zur Tür. Doch Glop versperrte ihr den Weg, sie musste zur anderen Seite ausweichen, an der Wand entlang, und plötzlich entdeckte sie einen kleinen Durchgang.
»Bleib!«, kreischte die Kröte. »Bleib hier!«
Zwergliebchen rannte weiter, durch einen halbdunklen steinernen Raum, und fand sich schließlich in einem langen schnurgeraden Gang. Sie hörte die platschenden Schritte Glops näher kommen.
Da stolperte sie und fiel der Länge nach hin. Das silberne Buch rutschte aus ihrem Kleid und klirrte auf die Steine. Sie nahm sich keine Zeit, um das Buch auf dem dunklen Steinfußboden zu suchen und an sich zu raffen. Sie richtete sich auf und rannte weiter. Auf einem Schuh lief sie und hinkte vor Schmerzen.
»Nicht, nicht, kleiner Schmetterling! Nicht dort entlang!« Glops Gejammer hallte durch den Kellergang. »Du brichst dir dein zartes Hälschen!«
Doch Zwergliebchen hastete weiter, um eine Ecke und um die nächste.
Jetzt war es fast stockdunkel. Sie musste sich mit den Händen an der Wand entlangtasten und die Füße hochheben, um nicht wieder zu stolpern.

Sie hörte Glop um die Ecke tappen. Er war dicht hinter ihr. Ich geh in die Falle, dachte Zwergliebchen, doch gerade in diesem Moment glaubte sie in der Ferne einen Schimmer zu sehen.
Weiter lief sie, schneller als vorher. Das Licht wurde deutlicher. Zwergliebchen bog wieder um eine Ecke. Da, hoch oben in der Mauer war ein Fenster mit dicken Gitterstäben; durch das Fenster zog ein schwacher Luftzug, das Glas war herausgebrochen.
Mit einem Sprung erwischte sie die Eisenstäbe, kletterte in die Höhe und setzte ihre Füße auf die Fensterbank. Sie steckte den Kopf durch die Gitterstäbe und drückte mit den Schultern. Es tat furchtbar weh, ihr Kleid zerriss, und ein schriller Jammerschrei von Glop aus der dunklen Tiefe verkrampfte ihr Herz. Sie presste allen Atem aus der Lunge und drückte mit aller Kraft gegen die Gitterstäbe. Im gleichen Augenblick fühlte sie einen klammen Griff an ihrem Knöchel.
»Nicht, nicht, nicht durch das Eisengewebe!«, brüllte die Kröte. »Bleib bei Glop, oh, bleib doch bei dem einsamen Glop.«
Doch Zwergliebchen merkte, dass sie durch das Gitter hindurch war. Sie hielt sich mit beiden Händen an einer Eisenstange fest und stieß ihren Fuß zurück. Die Kröte ließ los, und Zwergliebchens zweiter silberner Schuh blieb in der Hand der Kröte zurück.
»Aaaach!«, jammerte das Tier.
Sie hörte, wie Glop mit einem dumpfen Plumps auf den steinernen Kellerboden zurückfiel.
»Ein Schuh!«, schluchzte Glop. »Alles, was ich habe, um mein einsames Herz zu trösten, ist ein Schuh.« Das Schluchzen schallte hohl durch das Gitterfenster, und während Zwergliebchen die graue Straße entlanglief, klang es lange nach, gerade so, als hielte Glop sie noch immer ein bisschen fest.

Der närrische Kerl

Mit einem Ruck erwachte Jarrik. Hatte ihn jemand gerufen, oder hatte er geträumt?
Der kleine Junge schlief noch, obgleich schon das Tageslicht durchs Fenster schien – das graue Licht von Dorr.
Jarrik stand leise vom Fußende des Bettes auf, nahm seine Laute und schlich sich auf Zehenspitzen aus der Kammer. Er hatte gar nicht vor, den Jungen im Stich zu lassen, aber da war etwas, das ihn nach draußen zog.
Auf der Straße lief er sogleich den Weg zurück, den er gekommen war.

Wohin? Wohin?
Ich weiß nicht, wo ich bin.
Der linke Fuß, der rechte Fuß,
sie wissen, wie ich gehen muss,

sang er leise vor sich hin und versuchte sich dabei zu erinnern, ob er etwas geträumt hatte, das er tun musste. Aber er konnte sich an nichts erinnern – er lief einfach nur, die eine Straße entlang, die nächste, über eine Brücke, bis er plötzlich wusste, was er suchte und was er die ganze Zeit gesucht hatte: den alten Zauberer! Als wäre er erst jetzt aus einem Traum erwacht, der tagelang gedauert hatte. »Aljassus, das ist der Mann, den ich brauche«, rief er.
Er lief schneller, er hatte das Gefühl, ihm zeige jemand den Weg, und das verwunderte ihn nicht einmal.
In den holprigen Straßen begegnete er keinem Menschen, und von den silbernen Männern war keine Spur zu sehen. Es schien stiller

zu sein als sonst, als hielte die Stadt den Atem an und erwarte etwas. Jarrik bog um eine Ecke und blieb beim dritten Haus stehen. Hier war er noch nie gewesen, und doch erkannte er die Tür und wusste, dass er dreimal klopfen musste. Bom, bom, bom, und die Tür tat sich langsam auf.

Jarrik trat in den düsteren Gang und schloss die Tür hinter sich. Vorsichtig tastete er sich mit den Füßen vorwärts. Auf einmal spürte er eine Hand, die ihn fortzog. Eine Stimme sagte: »Es ist Zeit, dass Ihr kommt, Jarrik. Ihr müsst jetzt nicht mehr den närrischen Kerl spielen.«

Jarrik unterdrückte einen Schrei. »Was wisst Ihr von mir?«, fragte er. »Seid Ihr Aljassus? Ich sehe hier nichts.«

»Das ist auch nicht nötig«, antwortete der andere. »Wer hierher kommt, ist genauso blind wie ich. Nehmt Platz.«

Jarrik wurde auf einen Stuhl gedrückt. Er hörte, wie sich der andere in der Dunkelheit ebenfalls niederließ.

»Es ist Aljassus, der Euch gerufen hat. Es ist Aljassus, der Euch gegenübersitzt. Aljassus will etwas von Euch wissen«, sagte der Zauberer.

»Was soll ich Euch erzählen?«, fragte Jarrik.

»Das Mädchen, das die Gärten von Dorr sucht, war hier«, sagte der Zauberer. »Sie hat ein Geheimnis. Ihr kennt es. Ich will es wissen.«

»Aber ich darf es nicht verraten«, sagte Jarrik.

»Ich weiß schon manches«, sagte der Zauberer. »Ich empfinde es, ich rate, ich begreife. Aber ich muss Gewissheit haben, von Euch. Kommt, erzählt!«

»Ja, aber …«, fing Jarrik an.

»Nur still! Lasst mich nur machen«, rief der Zauberer.

Jarrik hörte ihn hantieren, mit Töpfchen und Fläschchen, so schien es, und plötzlich schoss eine grelle Stichflamme auf. Einen Augen-

blick lang sah Jarrik das wunderliche Gelass und die alte gebeugte Gestalt des Zauberers.

Dann war er geblendet und sank in seinen Stuhl zurück, während ein scharfer, stechender Geruch in seine Nase drang.

Er glaubte zu träumen, ohne dass er schlief.

Wie aus weiter Ferne hörte er die Stimme des Zauberers:

»Nun, Jarrik, Ihr seid der närrische Kerl aus dem Schloss, das weit entfernt von hier liegt. Ihr seid den langen Weg hergekommen – Ihr seid dem Mädchen gefolgt, der Prinzessin, die sich hier Zwergliebchen nennt. Ihr kennt das Geheimnis des Mädchens. Und jetzt: Versetzt Euch in das Geheimnis. Versetzt Euren Geist in das Geheimnis, das sie mit sich trägt, und erzählt. Erzählt!«

Jarrik hatte auf einmal das Gefühl, als würde sein Kopf leergesogen – alle Gedanken verschwanden. Er schloss die Augen und war plötzlich nur noch ein Herz. Ein klopfendes Herz, das rasend schnell mitgeführt wurde, an Bäumen vorbei und Sträuchern und über breite Grasstreifen.

Und ohne es zu wissen, erzählte er, während ihm der alte Zauberer gespannt zuhörte.

Die Geschichte von der Erde und der Sonne: Der sechste Sommer

Weiter, weiter, immer weiter! Wohin? Was ist geschehen? Wer hat es abgepflückt? Nicht die Hände, die es immer gepflückt haben. Etwas Wolliges, etwas Haariges, ein Fell. Holterdiepolter, immer weiter und weiter! Nicht in der kleinen Silberdose, sicher und beschirmt, nicht wie immer. Nicht in der Erde, in der warmen feuchten Erde. Nein, verfangen in einem tausendfingrigen Fell. Laufen, rennen, fliegen, keuchen. Wohin? Fort, verloren.

Es kann schon geschehen, dass ein Samenkorn abgerissen wird, wenn ein Hase oder ein Hirsch mit seinem haarigen Fell vorüberspringt. Das ist nun einmal so. Es kann schon geschehen, dass ein Samenkorn an dem Fell hängen bleibt. Wie weit es dann mitgeführt wird und wohin und wo es dann abfällt, das ist Zufall. Es genügt, dass das Tier sich schüttelt oder sich an einem Baumstamm scheuert oder durch den Sand rollt. Ein Samenkörnchen von einem Feld findet sich hinter dem Wald wieder, auf der anderen Seite des Tals. Oder in einem Wassergraben, wo es ertrinkt, oder in lockerer Erde, wo es vertrocknet. Und wie groß ist schon die Hoffnung, dass es gerade dorthin gelangt, wo es nach einem langen Winter wieder keimen und zu einer Pflanze heranwachsen kann?
Weiter, nur weiter! Wohin?
Hierhin!
Das Tier stürzt auf die Erde, purzelt dreimal kopfüber und bleibt liegen.
Hundegebell, Schritte. Jäger. Ein Stoß geht durch das Tier. Es wird aufgehoben und weggetragen. Es ist tot. Die Haut wird kälter, die tausend Finger lassen das Samenkorn los, ein schwindelerregender Fall, die sanfte Erde. Und ein Fuß tritt darauf und drückt es hinein. So geschieht es. So wird ein Samenkorn von der Erde für den langen, langen Winterschlaf zugedeckt.
Ganz langsam klopft das Herz, träge, und wenn es friert, noch träger.
Aber der Frühling kommt, und die Wärme weckt es auf. Strecken. Die Füße gegen die Erde stemmen, drücken, heftig drücken, bis es bricht. Und hindurch mit den Füßen, weiter, weiter. Zwei Füße, vier Füße, acht Füße, hundert Zehen. Was spürst du da, einen Stein? Vorbei und weiter, tiefer.
Und den Kopf in die Höhe. Recken, immer recken. Höher, immer höher.

Und dann bricht die Erde auf, und es ist nur noch ein unermessliches Meer von Freiheit und Raum rundum. Hol Atem. Rieche die Erde, das Gras, die Blätter. Spür die Luft und die Weite und den Wind.

Streck die Arme aus. Zwei Arme, vier Arme, acht Arme, sechzehn Finger. Lass den Wind mit Armen und Fingern spielen, trink das Licht. Trink es mit Armen und Fingern. Und trink den Regen. Mit den Füßen, mit deinen hundert Zehen.

Und höher, immer höher deinen Kopf, recken und strecken; tiefer, immer tiefer deine Füße, stoßen und drücken und drängen. Damit du Halt findest. Denn du musst fest stehen und stehen bleiben, hier an dieser Stelle, auf diesem Fleck.

Alles um dich herum bewegt sich. Getrippel und Geflatter und Gesumm. Und Schritte, dicht neben dir. Und unter der Erde ein Klopfen, Gescharre.

Du kannst dich nicht rühren. Keinen Schritt. Mit so viel Füßen und so viel Zehen keinen Schritt. Mit so viel Armen und so viel Fingern keine Bewegung, keine Gebärde. Nur die Bewegung im Wind, wie eine Marionette.

Höher, noch höher, bis dein Kopf fast birst! Er schwillt und wird bersten, dass du um dich sehen kannst. Irgendetwas fällt auf dich. Ein Blattfinger reißt. Au!

Du kannst dich nicht rühren, du kannst nicht weglaufen, du kannst dich nicht verstecken. In die Erde gepflanzt, festgehalten von tief hinabreichenden Zehen, wehrlos gegen alles stehst du da, auf dem Fleck, den dir der Zufall bestimmt hat. Du hast Durst und musst warten, bis Wasser auf dich niederfällt. Es ist heiß, und du musst warten, bis die Hitze nachlässt. Du wirst vom Wind schmerzhaft gebogen und musst warten, bis der Wind davoneilt. Eine Raupe kriecht dir den Rücken entlang, und du kannst sie nicht abschütteln.

Stehen, stehen, stehen. Tagein, tagaus und in der pechschwarzen Nacht, in die Erde gepflanzt, geschüttelt, geschlagen, gekitzelt.
Bis du groß genug bist und dein Kopf birst. Das schmerzt, es schmerzt schrecklich, aber es muss sein.
Es geschieht mit einem unhörbaren Schrei. Einem Schrei, der beim ersten Sonnenstrahl aufbricht und andauert, bis du die Augen ganz geöffnet hast und endlich das Licht siehst, das Gold und das Blau und das Grün. Gras und Bienen, Bäume und Vögel. Menschen, die vorüberpoltern, und Pferde.
Und mit weit geöffneten Augen immer nur stehen, in der Sonne stehen, Schmetterlinge und kribbelnde Wespen im Gesicht, den ganzen Tag trunken vom Licht. Und immer die Angst, dass du es nicht schaffst, plötzlich ohne Wasser, ein Tier an deinen Füßen, ein zerrender Windstoß oder ein niederschmetternder Ast oder ein Mensch. Denn du fühlst das Herz wieder klopfen, aber es ist noch nicht reif. Es muss noch wachsen, aufs Neue wachsen, für den nächsten Winter, um am Leben zu bleiben. Trink das Licht, trink den Regen, dann wächst es.
Das Dröhnen von Schritten und ein Schrei: »Ooooh, wie schön!« Und plötzlich das Ende.
Ein zerrender Ruck, ein reißender Schmerz. Abgepflückt, mitgenommen, Dunkelheit, und wieder Licht, und dann das kühlende Wasser. Die Füße sind weg, aber dafür ist da immer Wasser, frisch und kühl. Saug es auf, bleib am Leben, lass das Herz wachsen. Die Blume steht nicht mehr in der Vase, sie hängt über den kalten gläsernen Rand, und wo ist der Wind? Wo ist das Blau, wo sind die Bäume?
Nur Menschen und Dumpfheit und wenig Licht. Wird das Herz weiterwachsen?
Und wenn es groß ist und ganz allein übrigbleibt, wo soll es hin? Welchen Ort hat das Geschick jetzt bestimmt?

Allmählich, ganz allmählich erlischt es. Immer weniger Wasser wird aufgesogen. Immer weniger Licht wird getrunken. Die Augen sehen nicht mehr, der Rücken ist krumm, erschlafft.
Das Gesicht wird alt, es verwelkt, und die Gedanken verlöschen langsam, wie eine Kerze. Noch ein unhörbarer Schrei: »Verlier-mich-nicht!«
Aus.

Es war Jarrik, als erwache er aus einem Traum. Er öffnete die Augen, aber es blieb stockdunkel, und es dauerte eine Weile, bis er sich erinnerte, dass er bei dem alten blinden Zauberer saß.
»Mein Freund«, hörte er dessen Stimme, »mein Freund, nun weiß ich es. Das Herz! Ich habe es gehört, als sie hier saß. Es ist das Samenkorn! Sie will es in den Gärten von Dorr säen – denn dort wird die Zauberkraft enden. Ist es nicht so?«
»Ja«, sagte Jarrik heiser.
»Aber wer hat ihr das erzählt?«
»Ich«, sagte Jarrik.
»Nein!«, rief der Zauberer. »Nicht Ihr, närrischer Mann. Ihr habt es ihr höchstens zugetragen. Aber es stammt nicht von Euch selber. Von wem wisst Ihr es?«
Da sagte Jarrik: »Von Sirdis, der Hexe auf dem Schloss …«
»Sirdis!«, stieß der Zauberer hervor. »Den Namen, den kenne ich doch. Den Namen … Sirdis.« Jarrik hörte, wie sich der alte Zauberer vor die Stirn schlug. »Ihre Hoheit, die Zauberin Sirdisia, Ihre Hoheit, die Zauberin Odisia, die wunderschöne Königin, von der die Legende berichtet, dass sie diese Stadt gegründet hat und nie älter wurde. Dass sie die Stadt verließ, um viele Jahre später zurückzukehren, in einer schwarzen Kutsche mit silbernen Kissen. Sirdis! Unter ihrem Hexennamen wohnt sie dort auf dem Schloss? Und schmeichelt der Königin den König fort?«

»Genau«, sagte Jarrik.
»Und der Geliebte der Prinzessin?«
»Ihr Spielkamerad«, sagte Jarrik.
»Ah!«, rief Aljassus. »Er musste eine Blume werden. Jetzt verstehe ich alles. Das gleiche hat sie nach ihrer Rückkehr auch mit den jungen Männern dieser Stadt getan. Als Blumen hat sie sie in die Gärten verbannt, in die unerreichbaren Gärten von Dorr. Schade, schade, dann hat alles keinen Sinn.« Der Zauberer schwieg einen Moment. Dann fragte er: »Aber was habt Ihr damit zu tun?«
»Ach, ich bin bloß ein närrischer Kerl«, antwortete Jarrik. »Ich konnte ihre Tränen nicht sehen. Verlier-mich-nicht und Komm-zurück haben sie gespielt. Ich wollte ihr helfen, und gleichzeitig hielt ich sie davon ab. Und jetzt ...«
»Und jetzt«, sagte der Zauberer, »jetzt wird das Samenkorn verdorren. Und das Mädchen wird eine von dieser Stadt, grau und hoffnungslos, und ihr könnt beide nicht mehr zurück. Hätte sie nur das Samenkorn nicht wiedergefunden.«
»Wir haben den ganzen Sommer gesucht«, erzählte Jarrik. »Auf allen Feldern, in allen Wäldern. Zwischen Blumen und Sträuchern, im Korn, an den Bächen. Wir fanden es nicht. Und im Herbst wollte sie draußen bleiben, aber ich schleppte sie mit, in das Haus eines Jägers, um Obdach zu finden für den Winter. Und da, auf einem Fensterbrett, stand die Vase mit der abgepflückten Blume. Die Blume war verwelkt. Aber das Samenkorn lebte noch. Nie vergesse ich den Schrei, den sie ausstieß. Und als sie es in der kleinen Silberdose verborgen hatte, die sie all die Jahre an einer Kette am Hals trug, machte sie sich auf die Suche nach der verlorenen Stadt Dorr. Davon hatte ich ihr erzählt. Und ich wagte es nicht, sie davon abzuhalten. Ich folgte ihr, durch Schnee und Sturm und Kälte, durch Wälder und über Berge. Sie bat mich, fortzugehen, aber ich brachte es nicht übers Herz und folgte ihr.«

»Ihr habt sie lieb, Jarrik?«, fragte der Zauberer.
Da schwieg der närrische Kerl. Er nahm seine Laute und sang mit leiser Stimme ein Lied.

Meine Liebste suche ich,
such sie Jahr um Jahr.
Wie ich heiß, das weiß ich nicht,
hab's vergessen gar.

Wandre früh, wandre spät,
wandre durch die ganze Welt,
wandre Tag und Nacht.
Müd hat's mich gemacht.

Wie sie heißt, vergess ich nie,
kann es nicht verlieren.
Hab's versteckt in meinem Lied,
wer's wissen will, mag's hören.

»Verlier-mich-nicht? Zwergliebchen?«, grübelte der Zauberer laut.
»Ich-vergess-sie-nie«, sagte der Spielmann. »Ich-vergess-sie-nie ist der Name, den ich ihr in diesen Jahren gegeben habe. Und mit diesem Lied folgte ich ihrer Spur, die von den Bergen in die Täler führte, und so kam ich auch zu dem Zwerg am schwarzen Wasser. Zu spät. Er hatte sie in seinem Schilfboot schon übergesetzt.
Und ich wusste, dass sie den einzigen Weg in die verlorene Stadt gefunden hatte. Und dass sie nicht ruhen würde, bis sie das Samenkorn in den Gärten von Dorr gesät hat.«

Herr Dil

Zwergliebchen lief die Straße entlang. Die verwitterten Häuser von Dorr blickten mit ihren leeren Fensterhöhlen wie blinde Augen auf sie nieder. Kein Vogel war in der grauen Luft. Kein Blättchen Unkraut und kein Hälmchen Gras wuchsen aus den Rissen und Sprüngen der Steine.

Sie hörte keinen Schritt, nicht einmal ihren eigenen, denn sie hatte keine Schuhe mehr, und eine Straße wie die andere war tot und verlassen.

Wohin soll ich gehen?, überlegte sie. Es ist schon alles einerlei. Die Gärten finde ich nicht, und das silberne Buch habe ich verloren.

Sie versuchte sich zu entsinnen, was sie in dem Buch gelesen hatte, als Glop dazukam.

Sie war in einem Satz stecken geblieben über einen Verzauberten auf dieser Seite der Mauer, der … »Der was?«, fragte sie sich, aber sie konnte sich in ihrer Verzweiflung nicht erinnern.

Es hilft ja doch nichts; ich bin verloren, genauso wie es der alte Soldat Jiri am Tor prophezeit hat, und ich werde für immer in dieser verlorenen Stadt bleiben müssen, wo die Zeit hin und her läuft wie der Klöppel einer Glocke, und der Winter liegt in der Mitte.

Sie gelangte auf einen kleinen Platz, auf dem zwei Standbilder verharrten. Sie sahen wie keifende Weiber aus.

Zwergliebchen erschrak und lief weiter. Doch plötzlich dachte sie: Was kann es mir noch schaden, wenn auch ich zu einem Standbild erstarre, mich in kalten Stein verwandle?

Da hörte sie hinter sich Schritte. Die stummen Häuser der engen Gasse warfen das Echo der Schritte zurück. Zwergliebchen blickte sich um. Es war ein silberner Mann.

Einen Augenblick lang erschrak sie. Dann ließ sie den Kopf sinken. Jetzt kann es mir schon einerlei sein, soll er mich fangen, dachte sie und blieb stehen. Die Schritte kamen näher, doch dann entfernten sie sich. Der silberne Mann hatte sie nicht angerührt.
Zwergliebchen blickte ihm nach. Die silberne Rüstung saß fest um seinen Leib, der Helm bedeckte den Kopf. Er marschierte wie ein Soldat, links-rechts, links-rechts, ganz für sich allein. Ein Soldat aus dem Heer Odisias. Bewachten sie die behexte Stadt, oder waren sie selbst behext? War es ein wirklicher Mensch, oder war es etwas anderes?
Zwergliebchen sah, dass er ein Stück weiter stehen geblieben war und sich umgedreht hatte, als warte er auf sie. Langsam ging sie näher. Dann hob sie den Kopf und blickte dem Soldaten direkt ins Gesicht. Konnten seine Augen überhaupt sehen? Sie glichen blinden Fenstern. Konnte der Mund eigentlich sprechen? Oder war er nur die starre gezeichnete Linie einer Maske? Zwergliebchen fröstelte und lief fort. Da fühlte sie seine Hand auf der Schulter. Der Soldat hielt sie fest, drehte sie zu sich um und griff nach der Kette an ihrem Hals.
Das erweckte Zwergliebchen zum Leben. Mit unerwarteter Kraft schlug sie ihm ins Gesicht. »Lass los!« schrie sie. »Das gehört dir nicht! Gib's zurück, gib's zurück!« Die Tränen schossen ihr in die Augen, sie schlug noch einmal zu, doch das Gesicht des Soldaten blieb unbewegt, und seine Hände lösten sich nicht von der Kette. Da stieß sie ihn mit den Füßen und kratzte und biss. Sie kämpfte wie eine Löwin, und plötzlich umschloss sie die kleine Silberdose mit der Hand und riss sich mit ganzer Kraft los. Die Halskette zerriss und blieb in der Hand des Soldaten, während Zwergliebchen zwischen seinen Beinen durchschlüpfte und fortlief, in der Hand noch immer die Silberdose.
Um die Ecke, noch einmal und noch einmal. Folgte er ihr? Sie wag-

te nicht anzuhalten und zu lauschen, ob sie Schritte hörte. Aber das brauchte sie auch nicht, denn sie erreichte eine Querstraße. Eine gewöhnliche Straße mit Häusern und Türen, und eine der Türen stand sogar offen. Außer Atem lief sie in das Haus, schlug die Tür hinter sich zu und blieb am Ende des Ganges stehen.

Einen Moment lang war alles still. Dann hörte sie ein leises Scharren hinter sich, und eine dünne Stimme fragte: »Möchtet Ihr ein Zimmer?«

Zwergliebchen drehte sich um. Ein dürres Männlein stand vor ihr; er trug eine blitzende Brille, und seine letzten vierzehn Haare waren tadellos gerade über den kahlen Schädel gekämmt, wie die Zeilen in einem Schreibheft.

»Ich werde verfolgt«, sagte sie. »Von einem Silbernen.«

»Oh«, sagte das Männlein. Er verzog den Mund und betrachtete Zwergliebchen von Kopf bis Fuß. »Wie Ihr wisst, dürfen silberne Soldaten kein Hotel betreten. Und sie halten sich streng an die Vorschriften, wie es sich gehört! Ihr hättet die Tür ruhig auflassen können. Mein Hotel ist Tag und Nacht geöffnet, wie es sich gehört.« Er lief eilig zur Haustür, sperrte sie weit auf und hakte sie fest. »So. Und möchtet Ihr nun ein Zimmer oder nicht?«

»Ich ..., äh«, stotterte Zwergliebchen. »Oh ..., ja, gerne.«

Das Männlein ging vor ihr her in ein kleines Nebenzimmer. »Dil ist mein Name«, sagte er, »Besitzer des Hotels Dil.«

»Oh«, sagte Zwergliebchen. Sie sah sich im Zimmer um, das eigentlich kein Zimmer war, sondern ein Büro. Statt eines Tisches stand da ein großer Schreibtisch, und anstelle von Bildern bedeckten die Wände Regale, die mit Mappen vollgestellt waren.

Herr Dil hatte sich hinter den Schreibtisch gesetzt und ein großes Buch aufgeschlagen.

»Ich werde Euch gleich einschreiben«, sagte er. »Wie ist Euer Name?«

»Ach«, sagte Zwergliebchen, »ich heiße Zwergliebchen.«
»Wie?« Das Männlein neigte den Kopf zur Seite. »Dieser Name ist mir hierzulande nicht bekannt. Ihr kommt von außerhalb, wenn ich recht verstehe?« Er blickte auf ihre Wange.
Zwergliebchen nickte.
»Dacht ich's mir doch. Da war ein Pass erforderlich, wie ich sehe. Zwergliebchen also?«
»Ja«, sagte Zwergliebchen.
Herrn Dils Feder kratzte über das Papier. »So, Zimmer zwölf«, sagte er. »Mit Balkon. Ich werde Euch das Zimmer sogleich zeigen.« Er blickte auf. »Ah«, sagte er, »ist das Euer Freund?«
Zwergliebchen drehte sich um und schaute zum Fenster. Da stand der silberne Soldat, breitbeinig, mit dem Rücken zum Hotel, als hielte er Wache.
»Er scheint es auf Euch abgesehen zu haben«, sagte Herr Dil. »Habt Ihr etwas getan, was gegen die Vorschriften ist?«
»Ich weiß nicht«, sagte Zwergliebchen.
»Ihr wisst es nicht!« Herr Dil starrte sie durch seine blitzende Brille an. »Ihr solltet die Vorschriften aber kennen. Anders kann man hier nicht leben. Na schön, das ist nicht meine Sache. Ich selbst halte mich streng an die Vorschriften. Nicht wahr? Wo kommt man denn hin, wenn man sich nicht an die Vorschriften hält. Eines muss man doch wissen: a – wo man selbst steht, b – wo der andere steht, um c den richtigen Weg zu finden.»
»Ja.« Zwergliebchen nickte und ließ mutlos den Kopf sinken.
»Man kann doch nicht so mir nichts, dir nichts zu Werke gehen«, predigte Herr Dil weiter. »Bei allem, was man anfängt, sind Vorschriften nötig; a – eine Liste aller Überlegungen, die man anstellt, ferner b – eine Liste aller Überlegungen, die man anstellen sollte, und schließlich c – die Schlussfolgerungen, die sich daraus ergeben. Erst dann kann man zu Werke gehen. Vorausgesetzt«, und

jetzt hob er den Finger, »vorausgesetzt, dass man sich auch streng an diese Vorschriften hält.«

Zwergliebchen umklammerte noch immer die kleine Silberdose. Komm-zurück, flehte sie, Komm-zurück, was soll ich nur tun? Dein Herz klopft noch, ich fühle es. Und draußen steht ein silberner Mann, der auf mich wartet. Er darf dein Herz nicht kriegen. Was soll ich nur tun, wo soll ich hin? Ach, es ist alles verloren. Die Gärten sind nicht zu finden. Was soll nur aus uns werden, wo sollen wir uns verstecken? Oder muss ich für immer hierbleiben, mit dir zusammen, und langsam verdorren, zusammen mit dir?

Sie hatte das Gefühl, dass die Silberdose ein bisschen schwerer geworden war, wie es in jedem Frühling geschah. Aber hier konnte das Samenkorn doch nicht aufgehen, hier in Dorr, wo die Zeit nach dem einundzwanzigsten März wieder rückwärts lief.

»Seht mal«, fuhr Herr Dil fort, »viele in dieser Stadt haben es schon aufgegeben. Das ist nicht richtig. Man muss weitermachen, genau nach Vorschrift. Darum geht es. Wer seine Pflicht tut, handelt gut, sagte mein Vater immer. Dann geht alles übrige ganz von selber. Schon sehr früh bekam ich von meinem Vater ein Rechenheft, um meine Pflichten einzutragen. Erstens – Hände waschen. Zweitens – Gesicht waschen. Drittens – Podex waschen. Viertens – Zähne putzen. In den Rechenkästchen konnte ich jedes Mal die Pflicht abhaken, die ich gerade erfüllt hatte. Später konnte ich es schon auswendig. Dann sagte ich es auf:

Händchen waschen, dann Gesicht,
und vergiss den Podex nicht.
Doch zu guter Lutzt
Zähne noch geputzt.

Siehst du, sagte mein Vater, wie man einen schönen Vers zusammenkriegt, wenn man fleißig die Vorschriften befolgt?«

Die Gärten, die Gärten, die Gärten, dachte Zwergliebchen. Ich habe sie nicht finden können. Ich habe das silberne Buch verloren. Hätte ich doch der Kröte die Küsse erlaubt, wer weiß, vielleicht hätte sie mir dann helfen können. Sie schauderte. Nein, die Kröte war hässlich und eklig und schmutzig. Was soll ich nur tun, wo soll ich hin? Der silberne Mann da draußen wird nie weggehen.

»Rechenpapier«, sagte Herr Dil. »Ich verwende es noch heute. Für meine Listen. Alle Erledigungen für das Hotel stehen auf meinen Listen. Und ich besorge meine Erledigungen nach wie vor. Nicht

wahr? Man muss eben weitermachen, so wie immer, wie es sich gehört. Wenn auch keine Gäste mehr kommen. Denn eines ist wahr, die Zeiten haben sich geändert, seit die Silbernen da sind, aber wenn keine Gäste kommen, so ist das ihre Sache. Daran kann ich mich nicht stören. Jeden Tag werden die Betten frisch bezogen, in den Zimmern wird Staub gewischt, die Fenster werden geputzt. Alle zwölf Zimmer, sechs Doppelzimmer und sechs Einzelzimmer, ganz genau nach meiner Liste. Ist es nicht so? Was soll man denn sonst tun? Ich schreibe die Liste für die Besorgungen: Brot, Fleisch, Milch, Spritzkuchen, setze die Preise dazu und gehe zu den Läden. Sie sind schon seit Jahren geschlossen, aber was kann ich dafür? Man muss eben seine Pflicht tun, und basta. Und seht, jetzt ist wieder ein Gast gekommen. Soll ich Euch nun das Zimmer zeigen?«
Die Stimme, überlegte Zwergliebchen, die Stimme, die ich rufen hörte, als ich zu dem alten Turm lief, war das der närrische Kerl? Sollte er mir bis in diese Stadt gefolgt sein? Hätte ich nur auf ihn gehört. Vielleicht hätte er mir doch helfen können. Oder vielleicht hätte ich mit ihm nach Hause zurückgehen sollen, zum Vater? Aber da ist Sirdis, Sirdis, die Hexe, die ich so hasse und die … Sie schloss die Hand noch fester um die kleine Silberdose. »Kommzurück«, flüsterte sie, »ich werde dich wohl nie mehr …«
»Pardon«, drang die Stimme von Herrn Dil zu ihr, »habt Ihr etwas gesagt?«
Zwergliebchen schrak auf. »Nein …, nein«, sagte sie.
»Ich fragte, ob Ihr das Zimmer sehen möchtet?«, sagte Herr Dil.
»O ja«, sagte Zwergliebchen. Sie stand auf. Herr Dil ging voraus, erst den Gang entlang, dann zur Tür hinaus. Sie kamen auf einen Hof. »Das ist der Hof«, erklärte er. »Ein ruhiges Plätzchen, wo unsere Gäste gerne verweilen.« Rundum standen Bänke, und in der Mitte war ein kahles Rondell. »Das Rosenbeet«, sagte Herr Dil

und zeigte darauf. »Da wächst im Moment nichts, eigentlich seit Jahren nicht. Aber ich harke es trotzdem immer schön glatt und gieße es auch zweimal täglich. Auf diese Weise muss doch mal was aufgehen, oder? Es kommt bloß darauf an, dass man nicht ablässt und alles genau nach Vorschrift macht: a – einmal im Jahr umgraben, b – einmal täglich harken und c – zweimal täglich gießen. Und monatlich ein bisschen Dung. Dann muss doch mal was aufgehen, oder?« Zwergliebchen gab keine Antwort. Unbeweglich starrte sie auf die kahle Sandfläche, die sorgfältig glatt geharkt war.

»Seht Ihr etwas?«, fragte Herr Dil.

»N-nein«, antwortete Zwergliebchen heiser.

Dann gingen sie weiter, zu Zimmer zwölf mit Balkon.

Mitten in der Nacht ist Zwergliebchen aufgestanden und hinuntergeschlichen, auf den Hof. Vor dem kahlen Rosenbeet hat sie sich hingekniet, hat ihre kleine silberne Dose aufgemacht, das Samenkorn herausgeholt und vorsichtig in die Erde gesteckt.

»Da, Komm-zurück«, hat sie geflüstert, »da bist du sicher. Ich werde hierbleiben, ganz nahe bei dir, bis wir beide verdorrt sind und im ewigen Winter der verlorenen Stadt Dorr sterben. Es tut mir weh, dass ich dich nicht retten konnte und dass ich dich nie wiedersehen werde und dass wir nie mehr im Garten spielen können. Und ich werde auch nie mehr Verlier-mich-nicht heißen. Leb wohl, Komm-zurück.«

Dann hat sich Zwergliebchen erhoben und ist leise in ihr Zimmer zurückgeschlichen. Wo sie das Samenkorn in die Erde gesteckt hatte, versickerten sechs Tränen.

Der siebente Sommer

Jarrik blinzelte. Er war aus dem dunklen Haus des Zauberers auf die Straße getreten. Er hatte einen festen Plan. Er würde Zwergliebchen suchen und die Stadt mit ihr verlassen.
War die graue Luft über Dorr wirklich heller geworden, oder kam es ihm nur so vor? Auf gut Glück lief er die Straße entlang, überquerte einen Platz und hielt nach dem Turm Ausschau, in dessen Nähe er Zwergliebchen gesehen hatte. Aber ob sie noch dort war oder woandershin gegangen war, das wusste er natürlich nicht.
Eine Blume auf dem Feld ist leichter zu finden als Zwergliebchen in dieser Stadt, dachte er, aber den Mut verlor er nicht. Er wurde nur immer fröhlicher. So fröhlich, dass er seine Laute nahm und die Saiten zupfte.
Die grauen Straßen sahen tatsächlich freundlicher aus, oder kam das nur, weil er spielte? Die Fenster der Häuser erschienen ihm nicht mehr wie blind. Sie glichen eher Augen, die im Schlaf geschlossen sind und bald erwachen. Jarrik sang:

Ich such dich hier, ich such dich dort.
Bist du noch da, bist du schon fort?
Wer sagt mir, wo ich dich wiederfind?
Der Spielmann ruft dich, komm geschwind!

Ich habe auch schon bessere Lieder gemacht, dachte Jarrik, mein Kopf wird von dieser Stadt ganz trübe. Er begann zu schreien – heh! und ho! – dass es von den Hauswänden widerhallte, und davon wurde er immer ausgelassener.

Er spielte wieder auf seiner Laute, ein bisschen lauter jetzt und rhythmischer:

Wer –
kann mehr?
'n toller Fex?
'ne olle Hex?
Der Spielmann sang,
der Spielmann sprang,
er tat, was er nicht sollte,
er sagte, was er wollte.
Da lachte der Fex.
Was machte die Hex?
'ne Hex kann da nix machen,
wenn Fexe pfiffig lachen.
Hexe, lachst du? Nein!
Hex, was machst du? Schrein!

Er stampfte mit den Füßen und sang es gleich noch einmal, weil es so schön ging.
Jarrik kam auf einen großen Platz. In der Mitte blieb er stehen, sah sich nach allen Seiten um, zupfte drei laute Akkorde und sang schallend:

Ein Spitz liegt faul im Stroh,
da kitzelt ihn ein Floh.
Und wo?
Im Stroh!

Wie ein Blitz
flitzt der Spitz

durch die Mittagshitz:
Nein, Floh,
nicht im Stroh!
Sommer und Hitz!
Donner und Blitz!
Ich bin doch nicht dein Kitzelspitz!

Strohfloh
sagt sich so:
Spitz verratzt,
Spitz vergnatzt,
kitzel Spitz,
kratzt sich Spitz,
Kratzelspitz
aufgekratzt.
Strohspitz mit dem Kitzelfloh
steckt Pospitz in das spitze Stroh.

Strohfloh, Kitzelstroh, Kitzelflohstroh
kitzelt so.

Wurde die graue Luft nicht doch ein bisschen lichter? Ein paar Leute waren aus den Häusern gekommen, scheu, blinzelnd, den Mund sperrangelweit offen.
»Heh, hoi!«, rief Jarrik. »Einen Groschen für den Spielmann?« Er zupfte alle sieben Saiten zugleich. Die Leute schoben sich vorsichtig näher und blickten ängstlich um sich.
Aber Jarrik hatte schon wieder ein neues Lied:

Ich will euch was verraten:
Die silbernen Soldaten,

die hab'n zerriss'ne Stiefel an
und spiel'n den großen Mann.

Ich will euch was verraten,
ihr silbernen Soldaten:
Ihr macht uns nicht mehr bange!
Wir lassen uns nicht fangen!

Die Leute umringten Jarrik. Schweigend, aber mit Gesichtern, auf denen hier und da ein Lächeln erschien. Einige blickten in die hellere Luft über sich, und ihre Augen waren nicht mehr so glanzlos.
»He, hoi!«, rief Jarrik und machte ein paar närrische Tanzschritte, während er auf der Laute spielte. Da kam Bewegung in die Reihen der Leute, erst zögernd, doch allmählich wild und ausgelassen.
»Hopp, hopp, stell dich Kopp!«, rief Jarrik, und er tanzte so ansteckend, dass schließlich all die grauen Leute aus Dorr im Kreise tanzten, als wäre es ein Fest wie früher.
»Strohfloh, Kitzelstroh, Kitzelflohstroh kitzelt so«, sangen sie jetzt lauthals, dass es über den ganzen Platz hallte.
Es ist irgendetwas los, dachte Jarrik, irgendetwas ist geschehen. Das kommt nicht nur durch mich.
Niemand bemerkte, dass ein silberner Mann auf den Platz gelaufen kam. Niemand sah, dass er die Arme hob und eine beschwörende Geste machte. Doch im gleichen Moment endete der Gesang der Menge in einem Schrei, und alle erstarrten. Zwanzig, dreißig, fünfzig steinerne Figuren standen auf dem Platz, wie die Plastik einer Tanzgruppe. Manche auf einem Bein, andere mit erhobenen Armen, und in der Mitte der Spielmann mit seiner Laute.
Der silberne Mann grinste.

Und dann geschah das Wunder. Die graue Luft über den Köpfen der Menge zerriss. Ein Sonnenstrahl schoss durch den Spalt und fiel auf die versteinerten Menschen.
Aus Steinen wurden wieder Menschen, und als wäre nichts geschehen, tanzten und sangen und sprangen die Leute aus Dorr übermütig weiter, der Spielmann in ihrer Mitte.
Jetzt war es der silberne Mann, der einen Schrei ausstieß. Mit angstverzerrtem Gesicht rannte er fort.
»Es ist was geschehen!«, rief Jarrik. »Kommt mit, wir müssen nachsehen.«
Er lief vom Platz, und die Leute folgten ihm wie fröhliche Festtagsgäste.
Was er suchte und wo er suchen sollte, das wusste Jarrik nicht, aber wieder hatte er das Gefühl, dass es ihn irgendwohin zog. Und immer mehr scheue Einwohner der verlorenen Stadt folgten ihm, und immer mutiger sangen sie mit:

Wir woll'n euch was verraten,
ihr silbernen Soldaten:
Wir wollen nimmer bange sein,
wir werden nimmermehr zu Stein.

Die alte Frau Jojo kam wie ein verängstigtes Vögelchen aus ihrem Haus und humpelte hinter der Menge her, der blinde Zauberer hörte den Gesang, tastete sich nach draußen und wurde mitgezogen. Die närrische Eipse rannte und hopste zwischen den Leuten herum, und ihr Kopf saß noch immer voller Lockennadeln. Mücke, der kleine Junge, trippelte herbei, und als der Zug am alten Turm vorbeikam, jammerte Glop durch die Gitterstäbe des Kellerfensters, sie sollten ihn herauslassen, weil er doch auch dazugehöre.

Ich muss in diese Straße einbiegen, dachte Jarrik, und hier um die Ecke und dann rechts. Er lief blindlings weiter, ohne zu wissen, dass es genau der Weg war, den Zwergliebchen gegangen war.
Dann sah er den silbernen Soldaten vor dem Haus mit der offenen Tür breitbeinig Wache stehen. Und auf einmal wusste Jarrik, dass Zwergliebchen in dem Haus sein musste.
Die Menge blieb stehen, und es wurde totenstill. Der Soldat blickte starr; er rührte sich nicht. Jarrik lief langsam auf ihn zu, immer näher. Der Soldat war wie ein silbernes Standbild, er blinzelte nicht einmal mit den Augen. War er etwa versteinert?
Mit einem Satz war Jarrik an ihm vorbei und ging durch die offene Tür ins Haus. Nichts geschah.
»Zwergliebchen?«, rief Jarrik mit leiser Stimme. »Zwergliebchen, bist du hier?«
Es kam keine Antwort.
»Verlier-mich-nicht?«, rief er jetzt. »Ich bin's, der närrische Kerl! Ich komm dich holen. Gehst du mit, nach Hause zurück?«
Es blieb totenstill.
Jarrik lief den Gang entlang, bis zur Treppe. Er wollte gerade hinaufsteigen, als er die Stufen knarren hörte. Ein dürres Männchen erschien. »Ah, suchen der Herr ein Zimmer?«
»Ein Zimmer?«, sagte Jarrik. »Wie kommt Ihr denn darauf? Ich suche jemanden, der hier sein muss, ein Mädchen.«
»Wir haben zurzeit nur einen einzigen Gast im Hotel«, sagte das Männchen, »eine junge Dame.«
»Wo ist sie?«, rief Jarrik. »Ruft sie, bringt mich zu ihr!«
Das Männchen kam gelassen die Treppe herunter. Als er vor Jarrik stand, streckte er seine Hand aus. »Dil ist mein Name«, sagte er, »Besitzer des Hotels Dil, Tag und Nacht geöffnet.«
»Ja, ja!«, rief Jarrik ungeduldig. »Verlier-mich-nicht. Bringt mich zu ihr.«

»Verlier-mich-nicht?«
»Meinetwegen Zwergliebchen.«
»Zwergliebchen, ja, das stimmt. Dieser Name wurde angegeben und ins Meldebuch eingetragen. Zimmer zwölf. Folgt mir.«
Herr Dil ging vor Jarrik den Gang entlang und öffnete die Tür zum Hof. »Das Fräulein logiert hier schon eine geraume Zeit, aber sie verlässt nie ihr Zimmer«, sagte er. »Sie wünscht kein Essen, sehr merkwürdig ist das. Aber ich bringe ihr trotzdem dreimal am Tage eine Mahlzeit. Ordnung muss sein. Die Dunkelheit lässt etwas nach, scheint es; die Luft ist heller, als ob es wieder Frühling würde. Er hat auch schon allzu lange auf sich warten lassen. Kommen der Herr auch von außerhalb?«
Als Antwort auf diese Frage erscholl ein Schrei. Herr Dil drehte sich erschrocken um. Da stand Jarrik mit aufgerissenen Augen und starrte auf eine Stelle mitten im Hof.
»Tja«, sagte Herr Dil. »Tja, ich habe Euch ja schon gesagt, es scheint wieder Frühling zu werden. Wenn man nur immer seine Pflicht tut, geht am Ende doch etwas auf. Ich habe umgegraben und geharkt und gegossen, jeden Tag genau nach meiner Liste, Jahr um Jahr, und nun seht Ihr es. Aber ob es eine Rose ist, bezweifle ich. Früher standen da Rosen, wisst Ihr, aber diese Pflanze kenne ich nicht.«
»Zwergliebchen«, schrie Jarrik. »Zwergliebchen, komm schnell. Komm!«
»Ihr braucht beileibe nicht so zu schreien«, sagte Herr Dil. »Ich werde dem Fräulein gerne Bescheid sagen.«
Und damit stelzte er davon.

Zwergliebchen stürzte auf den Hof und blieb wie angewurzelt stehen. Jarrik lief auf sie zu, aber sie sah ihn nicht. Er nahm sie bei der Hand, aber sie merkte es nicht. Er zog sie zu dem Beet, und sie ging wie im Traum.

»Zwergliebchen«, sagte Jarrik.
Aber sie war taub für seine Stimme.
»Komm-zurück«, flüsterte sie heiser, »Komm-zurück, bist du doch …«
Mehr konnte sie nicht sagen. Sie fing schrecklich an zu weinen, ihren Körper schüttelte ein Weinkrampf.
»Zwergliebchen«, flüsterte Jarrik, »ich glaube, es geschieht ein Wunder. Die ganze Stadt ist heller geworden, die Leute sind auf den Beinen, die silbernen Soldaten haben keine Macht mehr, ich glaube, es hat etwas mit der Blume zu tun.«
Aber Zwergliebchen schien nichts zu hören. Sie starrte und starrte auf die Pflanze, die da auf dem mageren Fleckchen Erde aufgegangen war und schon eine dicke Knospe trug. Und unter Tränen flüsterte sie nur immer: »Komm-zurück.«
Noch heller wurde es über der Stadt. Ein dünner grauer Fleck am Himmel riss plötzlich auf und ließ einen Streifen blauen Himmels sehen. Ein Summen schien durch die ganze Stadt zu wehen. Das Blau des Himmels wurde lichter, die grauen Ränder glänzten silbern, heller, noch heller, und da brachen die grellen Strahlen der Sonne durch und fielen warm auf die Erde. Und auf die Blätter der fremdartigen Pflanze, auf den Stängel, auf die Knospe. Und wie von einem Zauberstab berührt, brach die Knospe auf. Viel schneller, als es je bei einer Pflanze geschieht, entfaltete sich die Blume, drehte sich der Sonne zu, und da geschah es.
Die Erde bewegte sich, im Sand bildeten sich Risse, der Stängel zitterte, die Blume verwandelte sich. Augen entstanden, Wangen, Haare, Mund, Kinn. Aus dem Stiel wurden Hals, Brust, Bauch. Die Blätter wurden zu Armen und Fingern. Nahe der Erde spaltete sich der Stiel. Zwei Beine. Ein greller Schrei, Keuchen, fuchtelnde Arme, stampfende Füße, noch ein Schrei, und noch einer. Jemand rollte über die Erde, sprang auf, rannte umher, klatschte in die

Hände, tanzte, schlug einen Purzelbaum und stand plötzlich still. Zwergliebchen bebte am ganzen Körper. Sie brachte kein Wort heraus und starrte nur mit offenem Mund auf das Wunder. Da stand Komm-zurück, der Gärtnerjunge, mit dem sie auf Bäume geklettert war, im Teich geangelt und versteckte Hütten gebaut hatte. Groß war er geworden, groß. Sein Hemd spannte, seine Hosen waren viel zu kurz, und seine nackten Füße schwarz von Erde.
»Komm-zurück«, wollte sie rufen, aber kein Laut drang über ihre Lippen. Sie schaute in sein Gesicht und in seine Augen. Er war noch derselbe, aber er war mehr. Seine Augen blickten wie früher, aber es war ein Feuer in ihnen, das sie früher nie bemerkt hatte. Auch sie fühlte dieses Feuer in sich. Wenn er sie ansehen würde, sprängen bestimmt Funken über.
Sieh mich an, dachte sie, sieh mich an. Ich hab dich erlöst.
Aber er beachtete sie nicht. Er schien zu lauschen und starrte in die Ferne, als könnte er durch die Wände blicken.
Und auf einmal kam Bewegung in ihn, er ging geradewegs auf die Tür zu, die über den Gang auf die Straße führte.
Als wäre ein Zauberbann gebrochen, sprang Zwergliebchen auf.
»Komm-zurück!«, schrie sie jetzt laut. Sie rannte auf ihn zu und ergriff seinen Arm.
Doch der Gärtnerjunge stieß sie wie eine Fremde weg und lief auf die Straße.
»Komm-zurück!«
Aber der Gärtnerjunge blickte sich nicht einmal um.

Jarrik hatte sich die ganze Zeit zurückgehalten, doch jetzt legte er seinen Arm um Zwergliebchens Schulter und sagte: »Komm, gehen wir ihm eben nach. Es geschieht etwas.«
Zwergliebchen schien ihn gar nicht zu hören, aber sie ließ sich willenlos mitziehen.

»He! He! So aber nicht!«, erklang das schrille Stimmchen des Herrn Dil. »Das Fräulein muss für ihren Aufenthalt in meinem Hotel bezahlen! Zimmer zwölf, Vollpension, für genau die Tage, die auf meiner Liste stehen …«
Weiter kam Herr Dil nicht. Mit beiden Händen griff er nach seiner Brille, um sicher zu sein, dass er richtig sah. Auf der Straße hatte sich eine riesige Menge versammelt. Das war gegen die Vorschriften. Und der silberne Soldat, der tagelang vor dem Hotel Wache gestanden hatte, war verschwunden. Nein, da ging er. Er wich zurück, seinen Arm schützend vor das Gesicht haltend. Ein zerlumpter junger Bursche, ein barfüßiger Landstreicher, trieb ihn vor sich her. Das Fräulein Zwergliebchen lief mit dem Spielmann hinterher. Herr Dil ließ die Arme sinken. Er musste träumen, denn nur im Traum passierten Dinge, die nicht nach Vorschrift waren. In diesem Augenblick drehte sich der Soldat plötzlich um und ließ schreiend die Straße hinter sich. Auch die Menschen fingen an zu schreien, einfach vor Freude. Johlend und singend und tanzend folgten sie dem Landstreicher. Herr Dil wurde mitgezogen, ob er wollte oder nicht. Und auf einmal machte er ganz närrische Schritte, wie er sie noch nie gemacht hatte, und seine vierzehn Haare gerieten durcheinander wie das Gekritzel auf dem Schmierblatt eines Kindes.

Komm-zurück eilte durch die Straßen von Dorr, und immer mehr Menschen folgten ihm. Es schien wieder Leben in die Häuser zu kommen, als könnten Blinde wieder sehen, und die Steine sahen weniger grau aus. Kam das vom Licht? Deutlich waren die schwarzen Spuren der Kutsche auf den Platz gezeichnet. Hatte sie jemand nachgezogen oder kam auch das vom Licht? Der Gärtnerjunge folgte den Spuren, Straße um Straße, auf demselben Weg, den der blinde Zauberer – wie lange war das her? – tastend entlanggegangen war, bis er auf die Mauer gestoßen war, hinter der die

schwarzen Spuren verschwanden. Und an diese Mauer kam auch Komm-zurück, an die hohe, unüberwindliche Steinmauer.
Komm-zurück aber lief darauf zu, als gäbe es diese Mauer gar nicht. Und als er sie beinahe mit der Nase berührte, gab es die Mauer wirklich nicht mehr. Sie war einfach weg.
Zum dritten Mal brach die Sonne durch die Wolken über der Stadt Dorr. Das riesige graue Tuch, das jahrelang über der Stadt gehangen hatte, löste sich in Fetzen auf, die vom Wind fortgeweht wurden, und ein strahlend blauer Himmel blieb übrig. Doch kein Mensch blickte hinauf. Denn direkt vor ihnen, im Schimmer des Sonnenlichts, lag eine duftende, frische, grüne Wiese; hohe Bäume rauschten, es gab Sträucher, Hecken, Gebüsch, Teiche, Bänke, Pfade, Steingärten und Rabatten. Rabatten voller Blumen. Aber auch im Gras standen Blumen, an den Sträuchern dufteten Blüten, und Blumen wuchsen an den Teichen, zwischen den Pfaden, unter den Bäumen. Rote, gelbe, blaue, weiße, große und kleine. Zierblumen und Feldblumen, Hunderte, Tausende, Zehntausende.
So standen die Einwohner der verlorenen Stadt nach einem endlosen grauen Winter an der Schwelle des Sommers, des warmen, bunten Sommers. Und hinter ihnen erklang das dröhnende Geläut aller Glocken zugleich. Der alte Turm hatte zu tun, die Zeit einzuholen.
»Die Gärten, die Gärten, die Gärten von Dorr!«, schrien die Menschen, und ausgelassen rannten sie auf die Wiese und sprangen und tanzten und wälzten sich im Gras.
Zwergliebchen hatte das Samenkorn in die richtige Erde gesät. Nicht nur ihr Spielkamerad war erlöst, sondern die ganze Stadt.
»Komm-zurück!«, rief sie und zog ihn wieder am Arm. Sie hoffte, er würde sie jetzt erkennen und die Funken in ihren Augen würden überspringen. Aber der Gärtnerjunge drehte sich nicht um, und Jarrik konnte Zwergliebchen nicht trösten.

Das Ende

Der alte Soldat Jiri draußen vor dem Stadttor war der Einzige, der nichts bemerkt hatte. Er hörte nicht einmal die Glocken läuten. Aber sein Mittagsschläfchen wurde durch ein anderes Geräusch gestört. Pferdegetrappel und knarrende Wagenräder. Jiri richtete sich auf. Eine schwarze Kutsche hielt vor dem Tor; der Zwerg, dem das Schilfboot gehörte, sprang vom Bock und lief auf Jiri zu.

»He, sperr das große Tor auf!«, befahl er mit unwirscher Stimme. »Ihre Hoheit, die Zauberin, hat es eilig.«

Jiri blickte in die Kutsche. Da saß eine Frau, die war schöner, als er es je gesehen hatte. Ihr langes Haar fiel bis auf die Kissen nieder. Es waren silberne Kissen.

»Wer ist denn das?«, fragte er den Zwerg.

»Mach fix!«, war die barsche Antwort. »Tor auf!«

Jiri beeilte sich, den Schlüssel vom großen Tor zu holen.

Als er wieder aus seinem Häuschen trat und sich umsah, entdeckte er noch etwas. Einen Trupp silberner Soldaten, tadellos in Reih und Glied, um hinter der Kutsche in die Stadt einzumarschieren.

»Da ist doch was im Gange«, murmelte der alte Soldat. »Das ist mir nicht ganz geheuer.« Der rostige Schlüssel knirschte im Schloss, und die Torflügel gingen knarrend auf.

Was kann ich nur tun?, überlegte Jiri, während die schwarze Kutsche durch das Tor fuhr. Er sah sich die Soldaten an. Der Hauptmann marschierte vorneweg und drückte die Brust heraus. Und plötzlich stand Jiri wie vom Blitz getroffen. Eine alte Erinnerung flammte in ihm auf wie ein heißes Feuer. Auf der silbernen Rüstung des Hauptmannes, da wo sein Herz saß, war der schwarze Abdruck einer Stiefelsohle.

Mit einem Mal war es Jiri, als erwache er aus einem tiefen Schlaf und wüsste endlich wieder, wo er sich befand. Wie von selbst drehte er sich um, ließ das Tor offen stehen und erklomm den Wall hinter seinem Wächterhäuschen. Die Lehmstufen waren abgebröckelt, aber ihm schien, er wäre erst gestern hinaufgegangen.
Als er oben ankam und über die Stadt blicken konnte, hörte er die Glocken läuten und sah, dass das Gras in die Höhe gewachsen war. Er bückte sich und suchte. Da stieß seine Hand gegen etwas Hartes.
Es war das rostige Rohr der Kanone Brenz.

Die alte Frau Jojo hatte sich am Teich auf eine Bank gesetzt. Aber alt fühlte sie sich nicht mehr. Ihr schien, als wäre die Zeit zurückgedreht worden und sie könnte wieder tanzen. Oder werde ich närrisch?, dachte Jojo, denn am Ufer des Teiches bewegte sich plötzlich eine Blume.
Der Stängel wurde dicker und dicker, spaltete sich am Erdboden, aus der Blume formten sich Augen, Nase, Mund, Ohren, Hals. Jojo stieß einen gellenden Schrei aus, es war ein Albtraum, aber wer stand da plötzlich vor ihr?
»Oh!«, rief sie. »Oh, was habe ich geträumt. Rubin, bist du wieder da! Hättest du mich nicht eher wecken können, es war so grässlich.«
Aber Rubin schien sie gar nicht zu sehen. Er stand mit stolz erhobenem Kopf und blickte in die Ferne.
»Rubin!«
Aber er antwortete nicht und ging plötzlich weg. »Rubin, ich bin es, Jojo. Ich bin nicht meine Schwester. Komm doch her!«
Rubin blickte sich nicht um und verließ die Gärten.

Der blinde Zauberer Aljassus stand mitten auf der Wiese. Er lauschte mit erhobenen Armen. »Sirdis«, murmelte er. »Odisia! Sie ist zurückgekehrt. Ich höre die Kutsche durch die Stadt rattern, und ich höre die Schritte der silbernen Soldaten. Sie kommt mit ihrem Heer. Odisia und Dorr werden miteinander kämpfen. Und wer wird gewinnen? Ich muss etwas unternehmen, aber was kann ich hier …?«

Eipse tollte wie eine Närrin durch das hohe Gras. Sie lachte vor Vergnügen laut auf, denn jede Blume war für sie ein Mann. Ihr Haar flatterte im Wind – die Lockennadeln hatte sie schon längst verloren – aber das war ihr jetzt einerlei. Hier in der freien Natur ging alles. »Guten Tag!«, rief sie. »Himmlisch, was?«, rief sie. Aber keiner der Männer blickte sich nach ihr um.
Eipse sah einen Schmetterling. »Mein Kleid!«, schrie sie. »Da fliegt mein Kleid!«

Mücke folgte den Männern durch den Garten. Er marschierte wie ein Soldat. Ich will auch Soldat werden, dachte er. Soldaten haben keine Angst. Nie!

Und auf einer langen Bank saß ganz für sich allein ein dicker träger Mann. Oder war es eine große Kröte? Seine Hände lagen auf den Knien, und er blickte sehnsüchtig auf das Treiben. Glop hatte lange gezögert, doch dann war er aus dem Keller unter dem alten Turm gekrochen. »Ich bin so einsam«, murmelte er. »Gleich kommt jemand zu mir. Ich weiß es.«

Herr Dil hatte große Blätter abgepflückt und sie als Kranz um den Kopf gelegt. »Man muss sich schmücken, wenn es ein Fest gibt«, sagte er. »Das gehört sich so.« Seine Brille blitzte in der Sonne. »Wo kommen denn all die jungen Burschen her?«, murmelte er erstaunt. »Ich habe sie nicht in die Gärten gehen sehen, wieso kommen sie dann alle aus den Gärten?« Er blickte kopfschüttelnd zum Ausgang, wo sich die jungen Männer versammelten und wie Soldaten aufstellten. »Das entspricht doch nicht den Vorschriften.« Doch dann glaubte er wieder zu träumen. Denn dicht vor ihm, wo er eben noch eine große Blume gesehen hatte, standen plötzlich ein paar Männer, die, ohne sich nach ihm umzusehen, zum Ausgang liefen und sich dort einreihten.

Zwei Heere waren gegeneinander aufmarschiert. Auf der einen Seite das silberne Heer, angeführt von dem Hauptmann mit dem schwarzen Schuhabdruck und angefeuert von Sirdis, die in ihrer schwarzen Kutsche saß. Auf der anderen Seite das Heer der Männer von Dorr, die jahrelang als verzauberte Blumen, ohne blühen zu können, in den versteckten Gärten gestanden hatten. Komm-zurück, der Gärtnerjunge aus dem Schloss, war ihr Anführer.
An der Grenze zwischen der grauen Stadt und den sommerlichen Gärten begann eine furchtbare Schlacht.

Jarrik hatte Zwergliebchen aus dem Gewühl der Menschenmassen fortgezogen. Sie warteten auf einem kleinen Feld.
»Eine Frau und ein Spielmann haben nichts mit einem Heer zu tun«, sagte er, doch Zwergliebchen schwieg. Dann sahen sie Aljassus und liefen zu ihm hin, um ihn zu stützen. Der blinde Zauberer erkannte sie an ihren Händen. »Die Silbernen werden gewinnen«, sagte er, »flieht von hier.«
»Aber können wir denn gar nichts tun?«, fragte Jarrik.
»Gegen Sirdis kommt niemand an«, sagte Aljassus, »nur eine silberne Kugel könnte die Hexe fällen. Geht jetzt.«
»Nein«, sagte Zwergliebchen, »ich will sterben, wo Komm-zurück stirbt.«

Der Lärm der kämpfenden Heere wurde lauter, und der Zauberer wankte.

»Er muss sich setzen«, flüsterte Jarrik Zwergliebchen zu.

Sie führten ihn zu einer Bank. Auf der Bank saß ein einsames Wesen.

»Ei, ei!«, erklang plötzlich eine Stimme. »Wen haben wir denn da! Mein liebes, sanftes, zartes Blättchen, das mich so grausam verlassen hat?«

Es war Glop.

Er schob sich neben Zwergliebchen, doch sie beachtete ihn nicht und gab keine Antwort.

»Lass sie in Ruhe, Alter«, sagte der Zauberer.

Aber die Kröte fuhr fort: »Sieh mal, was ich da aufgehoben habe.«

Er zog etwas unter seiner Jacke hervor; es war der silberne Schuh, den Zwergliebchen im dunklen Keller unter dem alten Turm verloren hatte. Und als Zwergliebchen den Schuh sah, musste sie plötzlich an den alten Soldaten Jiri denken und an seine Geschichte von der Kanone Brenz und seiner letzten Schlacht.

»Eine silberne Kugel!«, flüsterte sie. »Jiris Schuh hat nicht geholfen, aber mit meinem Schuh verlieren wir nicht!«

»Was hast du gesagt, Verlier-mich-nicht?«, fragte Jarrik.

Zwergliebchen sprang auf. »Ich komme!«, schrie sie zu dem kämpfenden Heer hinüber. »Ich komm zurück, harre aus und warte! Warte auf Verlier-mich-nicht, sie wird die Hexe treffen!«

Dann drehte sie sich um und sagte zu Glop: »Ich will meinen Schuh wiederhaben.«

»Nur gegen einen Kuss«, antwortete Glop hastig. »Gegen drei Küsse!«

»Was soll das bedeuten?«, fragte Jarrik.

»Lass sie nur«, sagte der Zauberer.

Zwergliebchen beugte sich vor. Sie fühlte Glops weiche Lippen und seinen heißen Atem an ihrer Wange. Nicht an der Wange mit dem schwarzen Zwergenkuss, sondern an der anderen. Sie schauderte vor Ekel.

»Drei. Und noch einen vierten«, bat Glop.

Doch Zwergliebchen riss sich los und zog ihm den Schuh weg.

»Aljassus«, rief sie, »wie komm ich zum Stadttor?«

»Lauf«, sagte der Zauberer, »lauf um die ganze Stadt, an der Stadtmauer entlang. Mach schnell und verlier nicht, was du in der Hand hältst.«

Zwergliebchen rannte los, querfeldein, den silbernen Schuh fest an sich gepresst.

»Was bedeutet das alles?«, fragte Jarrik. »Woher wisst Ihr, was hier im Gange ist?«

»Blinde wissen mehr, weil sie weniger sehen«, antwortete der Zauberer.

Der Lärm der kämpfenden Heere wurde von Sirdis übertönt. Ihre Stimme überschlug sich. Sie war auf das Dach ihrer schwarzen Kutsche geklettert und feuerte ihre Soldaten mit blitzenden Augen an.

Jiri legte die Wange an den rostigen Lauf der Kanone Brenz und kniff ein Auge zu. »So ist es richtig«, murmelte er. »Wenn nur das Schießpulver noch mitmacht.«

Dann zog er seinen Stiefel aus, stopfte ihn ins Kanonenrohr, zielte zur Sicherheit noch einmal und steckte die Lunte an. Zischend suchte das Feuer seinen Weg, kroch durch das Zündloch, zögerte noch einen Augenblick, und dann dröhnte ein furchtbarer Donner über die Stadt. Heulend jagte das Geschoss durch die Luft und traf den silbernen Anführer mit Wucht in den Rücken.

Fiel der Mann nieder, oder kämpfte er ungerührt weiter, mit einem zweiten schwarzen Stiefelabdruck auf seiner Uniform?

Jiri konnte es durch den Pulverdampf nicht erkennen. Er musste niesen und wartete. Doch als sich der Pulverdampf verzogen hatte, stand ein Mädchen vor ihm, das einen silbernen Schuh in der Hand hielt.

»Zwergliebchen«, rief Jiri.

»Schnell!«, rief sie. »Mein Schuh! Auf die Hexe!«

»In den Lauf damit!«, schrie Jiri. »Feste.«

Jiri nahm zwei Ladungen Pulver, stopfte sie in die Kanone, schlug die Klappe zu, steckte eine neue Lunte an und hielt das Feuer bereit.

»Zielen!«, schrie er.

Zwergliebchen legte ihre Wange an den Lauf. Dann zielte Jiri. Gemeinsam zurrten sie die Kanone ein bisschen nach links, dann ein bisschen höher und schließlich ein klein bisschen nach rechts, bis die Hexe auf ihrer Kutsche kerzengerade vor der Kanonenmündung stand.

»Ins Schwarze, Kamerad!«, rief Jiri.
»Feuer!«, kommandierte Zwergliebchen.
Jiri steckte die Lunte an. Das Feuer zischte. Der alte Soldat stopfte seine Finger in Zwergliebchens Ohren, und im gleichen Moment donnerte der schrecklichste Kanonenschlag über die Stadt, der je gehört wurde. Der silberne Schuh schoss über die Dächer, mit der Spitze voran.
Jiri musste niesen. »Haben wir richtig gezielt, Kamerad?«, fragte er.
Als Antwort erhob sich ein gellendes Gekreisch wie von einem getroffenen Raubvogel. Das Gebrüll der kämpfenden Heere ging in Jubel und Jammern über.
»Wir haben richtig gezielt, Kamerad«, sagte Jiri. »Und du riechst nach Pulverdampf. Jetzt fehlt nur noch der Wein.«

Als Zwergliebchen und Jiri am anderen Ende der Stadt anlangten, dort, wo die Gärten anfingen, trafen sie auf eine furchtbare Verwüstung. Die schwarze Kutsche war umgestürzt und der Erdboden mit zerschlagenen Standbildern übersät. Silbernen Soldatenstandbildern.

Weiter hinten, in den Gärten, versorgten die Männer von Dorr Verwundete und begruben Tote.

»Wir wollen die Standbilder an der tiefsten Stelle des schwarzen Wassers versenken«, sagte jemand. »Dieses Silber wollen wir nicht. Nie mehr.«

»Sie waren verzaubert«, sagte jemand.

»Von der Hexe«, sagte ein anderer.

»Wo ist sie eigentlich?«

Sie fanden Sirdis unter der schwarzen Kutsche. Ihr Kopf lag auf einem silbernen Kissen. Sie war tot, und als Tote war sie zu einer steinalten Frau geworden, mit eingefallenem Mund und hohlen Wangen, wie aus Pergament.

»Ist sie das wirklich?«

»Ja«, sagte Zwergliebchen heiser.

»Wer hat sie getroffen?«, fragte jemand.

Aber Zwergliebchen gab keine Antwort. Sie lief in die Gärten.

»... und plötzlich stürzte die Hexe zu Boden«, hörte sie gerade noch jemanden erzählen, »und in diesem Augenblick erstarrten die Silbernen. Die Zauberkraft wirkte nicht mehr; sie waren wieder Standbilder.«

»Genau umgekehrt«, sagte ein anderer.

Zwergliebchen lief weiter.

Das Gras war niedergetrampelt, die Rabatten waren zerwühlt, Zweige waren von den Bäumen gerissen, Sträucher zerdrückt, und das Wasser in den Teichen war trübe.

Die Gärten von Dorr hatten sich in ein Schlachtfeld verwandelt.

»... aber wir haben gesiegt«, rief jemand. »Und jetzt bauen wir die Stadt wieder auf und machen sie schön. Und auch die Gärten richten wir wieder her.«

»Und feiern Feste wie früher«, sagte ein anderer.

Zwergliebchen lief weiter.

Weiter hinten waren die Gärten noch schön. Kein Mensch hatte hier seinen Fuß hingesetzt. Überall wuchsen wilde Blumen, und es roch nach Erde und Sonne.

Er liegt unter den Toten, dachte Zwergliebchen. Ich habe Angst, nachzusehen. Mitten auf einem kleinen Feld hielt sie inne. »Hier werde ich bleiben«, flüsterte sie. »Als wäre ich eine Blume, so wie er. Bis ich verwelke.« Sie sah und hörte nichts mehr.

Da spürte Zwergliebchen eine Hand an ihrer Schulter.

»Nein!«, schluchzte sie. »Lass mich in Ruhe.«

Aber eine zweite Hand fasste sie an der anderen Schulter und drehte sie herum.

»Nein, Jarrik, nein, Jiri, nein, abscheulicher Glop, lasst mich!«, rief sie.

Doch die Hände hielten sie fest.

Da öffnete Zwergliebchen die Augen. Und in diesem Moment sprangen die Funken über.

»Komm-zurück«, flüsterte sie.

»Verlier-mich-nicht«, sagte er. »Du riechst ja nach Pulverdampf.«

»Und du nach Erde«, sagte sie und hatte ihn schrecklich lieb.

Die letzte Überfahrt

Nur mit dem kleinen Schilfboot des Zwergs konnte man über das pechschwarze Wasser gelangen.

»Das kostet einen Kuss«, sagte der Zwerg grinsend. »Auf meine Stirn.«

Die Stirn des Zwergs war beinahe nicht zu sehen, denn er hatte einen Buckel, der ihn so vornüber beugte, als schleppte er einen schweren Sack auf dem Rücken.

»Gut«, sagte der alte Mann leise.

Der Zwerg drehte sich um und lief hopsend zum Ufer.

»Steig nur ein«, sagte er.

Der alte Mann hatte löchrige Schuhe an, und das geflochtene Schilf des kleinen Bootes knackte, als er sich seufzend auf den Boden setzte.

»Nach hinten«, fuhr der Zwerg ihn an. Er ergriff einen langen Staken, sprang mitten in das Boot und stieß ab. Mit gemächlichen Schritten begann er zu staken. Das Schilfboot knackte unter seinen Schritten, und der alte Mann musste seinen Kopf wegbeugen, wenn der Zwerg vorbeikam. Er fühlte die Stiefel des Zwergs an seinem Knie. Das Wasser wurde tiefer. Der Zwerg musste sich jedes Mal weiter vornüber beugen, um den Grund zu erreichen. Beim siebenten Mal war er mit seinem Gesicht so tief wie der sitzende Mann, und beim letzten Schritt stieß er so heftig ab, dass er mit seiner rauen Nase fast das Kinn des alten Mannes berührte.

»He, he, he«, der Zwerg grinste. »Der Kuss kommt später. Erst übers Wasser.«

Der alte Mann blickte fragend.

»Hier kann ich nicht staken«, sagte der Zwerg. »Zu tief. Wenn du hier hineinfällst, dann sinkst du drei Stunden lang hinab, und dort findest du Silber.«

Der alte Mann schrak auf. »Silber?«, fragte er zitternd.

»Silberne Standbilder«, sagte der Zwerg. »Alle in Stücke geschlagen bei einem Krieg in der Stadt. Ich war selber dabei, aber ich bin geflohen. Bah!« Er spuckte ins Wasser. »Ah«, murmelte er, »die Strömung! Jetzt geht es von allein.«

Er grinste wieder. »Mit deinen Schuhen bist du auch schon lange unterwegs«, sagte er.

Der alte Mann blickte auf seine Füße, da sah er ein Loch im Schilf, durch das Wasser ins Boot strömte.

»Vorsicht!«, schrie er.

»Ach, das macht nichts«, sagte der Zwerg. »Das Wasser ist bloß neugierig. Stell deinen Fuß drauf, ein Loch stopft das andere.«

Der alte Mann presste den Schuh auf das Leck, und das Boot schaukelte weiter.

Dann stakte der Zwerg wieder.

Keuchend stapfte er hin und her. Beim dritten Mal trat er mit seinem Stiefelabsatz noch ein Loch in den Boden. »Den anderen Fuß drauf«, fuhr er den Alten an.

Der alte Mann musste einen großen Schritt machen, um das Leck zu erreichen. Immer mehr Wasser lief in das Boot.

Der Zwerg begann zu trällern, manche Worte murmelte er nur:

Übers Wasser, schwarz und kalt,
fahr ich hin, mein Boot ist schwer.
Übers Wasser, schwarz und kalt,
fahr ich her, mein Boot ist leer.

»Sind wir bald da?«, fragte der alte Mann.

»Pass auf«, schnauzte der Zwerg ihn an. »Noch ein Leck, da!«

Der alte Mann kniete sich nieder. Das Wasser stach wie tausend Stecknadeln in seine Hände, und die Stiefel des Zwergs scheuerten gegen seine Wange. Sie stanken.
»Sing ein Liedchen«, rief der Zwerg. »Da stakt es sich besser.«
Der alte Mann schwieg.
»Vorwärts«, befahl der Zwerg. »Du wirst doch wohl ein Liedchen kennen?«
Da räusperte sich der Alte, und auf Händen und Knien in einem Zwergenboot aus Schilf hockend, sang er mit bebender und kratziger Stimme dieses Liedchen:

Sonntag kam sie,
Montag kriegte sie,
Dienstag nahm sie,
Mittwoch schwieg sie,
Donnerstag seufzte sie,
Freitag floh sie,
und Sonnabend …

Da stockte seine Stimme. Der Zwerg brach mit dem ganzen Fuß durch den Boden, und das Wasser strömte ins Boot. Aber es sank nicht. Gerade hatten sie das andere Ufer erreicht, und der Zwerg sprang an Land.
»Wir sind da«, sagte er. »Was geschah am Sonnabend?« Doch der alte Mann antwortete nicht und kletterte triefend aus dem Boot.
»Gib mir meinen Lohn«, sagte der Zwerg. Er richtete sich mühsam auf und umklammerte die Schulter des Alten.
»Mitten auf die Stirn«, sagte er, »damit man es gut erkennen kann.«
Der alte Mann bückte sich, zögerte einen Augenblick und drückte seine Lippen auf die runzlige Stirn des Zwergs. Es stach.

Grinsend ließ der Zwerg den alten Mann los. »Ist es gut zu erkennen?«, fragte er.

Der alte Mann nickte wortlos.

»Gut«, sagte der Zwerg. »Dann habe ich einen Pass und darf in die Stadt. Und kann wenigstens ihr Grab besuchen.«

»Wie?«, fragte der alte Mann.

»Ja«, sagte der Zwerg. »Sie hat man nicht ins Meer geworfen. Man hat sie begraben, im Keller unter dem alten Turm. Sie meinten, schließlich war sie es, die die Stadt gegründet hat, und schließlich war sie früher einmal die Königin …«

»Wer?«, fragte der alte Mann.

»Ach«, rief der Zwerg. »Was weißt du schon davon! Odisia meine ich, oder Sirdis, die Hexe. Strahlend schön war sie. Ich werde Wache halten an ihrem Grab, und ich werde um sie weinen, denn sie war meine Herrin.«

Das Gesicht des alten Mannes erstarrte. Er blickte genauso traurig drein wie der Zwerg, doch der Zwerg sah es nicht, denn der Alte hatte sich umgedreht und lief langsam der Stadt entgegen. Vor ihm funkelten Lichter.

Auch der Zwerg hatte sich umgedreht. Er zertrampelte sein Schilfboot. »Das war die letzte Überfahrt«, murmelte er. Das Mondlicht glitzerte auf seiner Stirn, denn die Lippen des alten Mannes hatten sich eingegraben.

Silbern.

Als die Torte hereingebracht wurde, schrien alle durcheinander. Die alte Magd, die die Torte gebacken hatte, und die Knechte, die sie trugen, schritten dreimal um den Tisch, und die Gäste sprangen auf und stellten sich zu einem Festzug auf.

Zuerst kam Jarrik mit seiner Laute. Jojo und Rubin folgten Arm in Arm. Der alte Soldat Jiri hatte neue Stiefel und polterte hinterdrein. Herr Dil tanzte, den blinden Zauberer Aljassus hatte Mücke an die Hand genommen, und die närrische Eipse schwebte in einem weit ausschwingenden Kleid aus Schmetterlingsflügeln durch den Raum und küsste alle jungen Burschen, die sie zu fassen kriegte. Zwergliebchen und der Gärtnerjunge waren sitzen geblieben. Sie schauten sich nur immer an.

»Komm-zurück«, sagte sie, »Ich-bin-da heißt du jetzt.« Sie lachte.

»Verlier-mich-nicht«, sagte er, »wir haben zu viele Namen. Wir wollen uns zwei neue ausdenken.«

Aber welche Namen das waren, werden wir nie erfahren, denn gerade in diesem Moment hatte Jarrik die närrische Eipse beim Arm genommen, und der närrische Kerl und die närrische Frau fingen ganz närrisch an zu tanzen. Er führte sie zur Torte, ergriff seine Laute und sang:

Gnäd'ge Frau,
Sie erlau-
ben ein Wort
vor der Tort:
Wie wär's, wenn ich mal rasch
mit Ihnen Sahne nasch?

Aber als sie sich bückten, um von der Schlagsahne zu naschen, schoss die alte Magd auf sie zu und versetzte ihnen mit der Pfanne einen schallenden Schlag auf den Allerwertesten.

»Bravo!«, riefen da alle. »Bravo, Frau Wischtuch!« Und ein fröhliches Gekreisch erhob sich bis unter die Zimmerdecke. Dann sangen sie. Sie sangen alle Lieder von Jarrik: vom Spitz und dem Floh, von den zwei Kakerlaken, von Frau Schnecke und Herrn Schneck und …

Da wurde an die Tür geklopft.

Die Knechte setzten die Torte ab und öffneten.
Auf der Türschwelle stand ein alter Mann. Seine Ärmel waren nass und die Schuhe nass und löchrig. Er hatte einen weiten Weg hinter sich.
»Hat Euch der Zwerg übergesetzt?«, fragte jemand.
Der Alte nickte. »Ich habe ihm einen silbernen Pass gegeben«, sagte er leise. »Lasst ihn zu ihrem Grab. Er will bei ihr wachen.«
Die Augen des Alten suchten jemand.
Zwergliebchen blickte auf.
»Vater«, flüsterte sie heiser. »Mein lieber Vater …«